Être Heureux

Être Heureux
365 petits moments de Bonheur

Jenny Hare
Illustré par Michelle Tilly

ÉDITIONS CONTRE-DIRES
19, rue Saint-Séverin
75005 - Paris

Titre original : *Everyday Happy, 365 ways to a better way.*

Copyright © Octopus Publishing Group Ltd 2009
Texte copyright © Jenny Hare 2009

© Éditions Contre-Dires, 2011 pour la traduction en français.

TRADUIT DE L'ANGLAIS PAR MARINA DUVAL

Imprimé en Chine

ISBN : 978-2-84933-175-0

www.editions-tredaniel.com
info@guytredaniel.fr

Sommaire

Introduction	6		
Comment utiliser ce livre	8		
Jours 1 à 31	10	Jours 183 à 212	194
Check-list 1	40	Check-list 7	222
Jours 32 à 61	42	Jours 213 à 242	224
Check-list 2	70	Check-list 8	252
Jours 62 à 92	72	Jours 243 à 273	254
Check-list 3	102	Check-list 9	284
Jours 93 à 122	104	Jours 274 à 303	286
Check-list 4	132	Check-list 10	314
Jours 123 à 152	134	Jours 304 à 334	316
Check-list 5	162	Check-list 11	346
Jours 153 à 182	164	Jours 335 à 365	348
Check-list 6	192	Check-list 12	378
		Conclusion	380

Introduction

Sous toutes ses formes, du contentement le plus discret à la joie la plus exubérante en passant par l'appréciation, le bonheur est un très grand trésor.

Vous est-il possible de l'attirer dans votre vie? Bien sûr que oui! Avoir une attitude positive est une décision que vous pouvez prendre chaque jour, et qui peut se répéter à l'infini! Des tas de choses, comme par exemple les suggestions de ce livre, peuvent vous apporter joie et bonheur, mais cela ne marchera que si vous voulez bien leur donner une chance.

Le bonheur est parfois tout à fait spontané, bien sûr, mais s'y exerce activement est également une expérience passionnante car, lorsqu'on prend sa vie et ses émotions en main, on y trouve une satisfaction et un enrichissement immenses.

Mais qu'en est-il de la perte d'un être cher, du deuil et d'une myriade d'autres peines? Nous avons tous notre lot de telles afflictions dans la vie et, dans ces moments-là, il arrive que la tristesse envahisse tout notre être. Cependant, la pensée du bonheur passé peut être un radeau qui nous aide à traverser ces jours sombres et tumultueux, tout comme la volonté de guérir et, avec le temps, d'accueillir à nouveau le bonheur.

Et qu'en est-il de la chance? Ici encore, tant mieux quand elle nous

touche, mais les gains fortuits et autres coups de chance ne nous procurent qu'une euphorie passagère.
Le bonheur profond et durable vient d'une approche personnelle de la vie qui nourrit la joie au-dedans et autour de nous. Avec le temps, il devient une habitude et c'est tout simplement ce qu'il y a de mieux!
Plongez dans cet ouvrage chaque fois que vous serez en manque d'inspiration, et pour vous rappeler de pratiquer le bonheur chaque jour de votre vie, au moins une partie du temps.
Je vous souhaite beaucoup de bonheur et, surtout, je vous souhaite de vous rendre compte que votre vie est un miracle et un don inestimable, car elle l'est sans aucun doute.
Profitez-en!

Chaleureusement,

Jenny Hare

Comment utiliser ce livre

Si l'achat de ce livre fait partie de vos résolutions pour la nouvelle année, c'est parfait, mais, si vous l'avez acheté à un autre moment de l'année, ne vous en faites pas : il vous conviendra également. Il n'est pas nécessaire de le commencer le Jour de l'an ; n'importe quel jour de votre choix fera l'affaire : rendez-vous au Jour 1 et cheminez d'un jour à l'autre dans l'ordre. Vous verrez que les mois ont soit 30 jours, soit 31, afin de refléter les véritables mois de l'année ; il vaut donc sans doute mieux faire correspondre le mois dans lequel vous vous trouvez avec un mois présentant le même nombre de jours (le premier mois est un mois de 31 jours). Au terme de chaque mois, vous trouverez une page pour évaluer votre progression. C'est là une simple occasion de réfléchir à ce que vous avez lu, et de voir si certaines idées fonctionnent pour vous. Vous y trouverez aussi un espace pour noter vos pensées et réfléchir à votre progression. Pas assez d'espace pour écrire ? Rendez-vous aux pages en fin d'ouvrage, où vous pourrez finir de noter tout ce qui vous paraît important.

1   *Un passe-temps actif*

La pensée du jour

FAITES-LE !

Décidez de ce que vous voulez faire et puis faites-le, même s'il ne s'agit que d'un numéro parmi d'autres sur votre pense-bête.

Pas trop le moral ? Essayez de faire quelque chose de très actif et de proactif. Vous pouvez aller courir, voir un ami de longue date, laver le sol de la cuisine ou commencer un nouveau projet. Le simple fait de prendre la décision de faire quelque chose en particulier vous aidera à vous sentir mieux.

Une fois que vous vous lancez, la dépense d'énergie génère encore plus d'énergie, et votre corps réagit immédiatement aux endorphines (ces substances libérées par le cerveau qui donnent un sentiment de bien-être).

Non seulement on se sent bien lorsqu'on est actif, mais on a ensuite la satisfaction de s'être rémué.

Comptez vos petits luxes   2

Combien de petits luxes physiques avez-vous savouré aujourd'hui ? Comptez-les. Vous êtes-vous réveillé dans un lit chaud et confortable avant de profiter d'une bonne douche avec suffisamment d'eau chaude ? Le transport que vous utilisez vous a-t-il conduit au travail dans les temps, avez-vous bien déjeuné, et la boisson chaude qui vous attendait à votre retour chez vous, vous a-t-elle fait du bien ?

Au lieu de considérer ces petits riens comme un dû, prenez le temps de les apprécier chacun au maximum. Le fait de se rendre compte à quel point on a de la chance dans tant de domaines ajoute une sensation de richesse et de bien-être à la vie, et le contentement et la reconnaissance sont des sentiments merveilleux. Lorsqu'on les remarque et qu'on les apprécie, les petits plaisirs contribuent grandement au bonheur quotidien.

Bonheur instantané

UN BON BAIN BIEN CHAUD

La prochaine fois que vous vous faites coulez un bain, savourez-en chaque instant : l'eau délicieusement chaude, la profondeur de la baignoire, le bain moussant, les bougies allumées que vous avez disposées tout autour, votre verre de vin savoureux. Pensez à la chance que vous avez.

3 Coups de barre

Vous arrive-t-il parfois d'avoir une sensation de mollesse, l'épuisement bien connu qui vous envahit après le déjeuner, en fin d'après-midi ou après une séance de travail intense, et qui vous entame le moral ?

Lors de ces accès de fatigue, il peut être bon de réfléchir au meilleur plan d'action. Se pousser à accomplir davantage de travail peut créer un regain d'énergie qui procure un grand bien-être ; d'un autre côté, peut-être avez-vous réellement besoin de repos. Si c'est le cas, écoutez votre corps et détendez-vous. Votre travail n'en sera que de meilleure qualité lorsque viendra le temps de vous y remettre. Décidez si vous devez vous faire violence ou faire une pause lors de ces moments de relâchement. Vous entraîner à suivre votre instinct de cette façon sera toujours payant, car vous aurez la joie de vous sentir à l'écoute de votre corps et de votre esprit.

Prenez des mini vacances   4

Partez en mini vacances : c'est une option qui détend et revigore presque autant que de vraies vacances.

La préparation et le fait de faire ses valises, ne serait-ce que pour une sortie d'une journée ou de deux jours, procurent quasiment la même anticipation positive que des vacances plus longues. Le séjour en lui-même change les idées et détend ; si vous êtes en couple, il peut être romantique et intime. Le retour à la maison est également un moment de grande joie. Qu'avez-vous à perdre ? C'est du bonheur dépaysant !

Bonheur instantané

PAUSES DE BUREAU

Quittez votre chaise de bureau. Asseyez-vous, ou allongez-vous de préférence, et fermez les yeux. Pensez à quelque chose qui n'a rien à voir avec le travail pendant 10 minutes (une image que vous affectionnez particulièrement ou des vacances récentes). Lorsque votre esprit s'égare, redirigez-le sur l'objet de votre concentration. Quand vous rouvrirez les yeux, vous vous sentirez frais et dispos.

5

Passez ce fameux coup de fil

Appelez aujourd'hui quelqu'un qui serait ravi d'avoir de vos nouvelles. N'attendez pas de raison de le faire, appelez cette personne et dites-lui que vous pensiez à elle, ou que vous aviez envie d'entendre sa voix et de papoter. Ayez une voix légère, et mettez-y de l'expression et de l'amour en disant bonjour; savourez la surprise et le plaisir que vous percevez dans la réaction de l'autre. Plus vous passerez d'appels spontanés juste par amitié, plus vous en recevrez. Néanmoins, ne le faites pas uniquement pour que l'on vous rende la pareille, mais d'abord pour le sentiment que procure le fait de prendre contact avec autrui et de lui faire plaisir. Appeler un ami crée un double bonheur : vous vous faites plaisir et vous lui faites plaisir.

Pardonnez à quelqu'un

6

Pardonnez à quelqu'un aujourd'hui. L'amertume et le ressentiment, même légers, peuvent saboter votre bonheur personnel. Lâcher prise sur ces sentiments vous laissera libre de vous sentir heureux et le cœur léger.

Imaginez-vous en train de vous débarrasser de cette négativité qui vous recouvre, et regardez-la tomber de vos épaules. Pardonner à quelqu'un ne signifie pas fermer les yeux sur ce que cette personne a fait, mais simplement ne plus juger et ne plus laisser la colère vous ronger. Rappelez-vous que la conscience d'autrui n'est pas votre affaire et félicitez-vous de faire preuve de tant de raison, de bon sens et de maturité.

Bonheur instantané

PRATIQUEZ LE PARDON

Dites-vous «je lui pardonne» aussi souvent que vous en aurez besoin pour que votre pardon reste vrai. Vous serez surpris de voir à quel point vous vous sentez mieux.

7

Réfléchissez d'abord

La pensée du jour

RAPPELEZ-VOUS

Si vous êtes le genre de personne qui a tendance à parler avant de réfléchir, essayez ceci : chaque fois que vous ressentez l'envie de vous exprimer, comptez jusqu'à 10 avant d'ouvrir la bouche.

Réfléchissez avant d'agir ou de parler, et faites ce qu'il faut quand il le faut avant qu'il ne soit trop tard, comme c'est souvent le cas.

Concentrez-vous sur l'instant présent et demandez-vous ce qui constituerait un acte positif à ce moment précis. Être attentif à ce qu'on pourrait faire donne l'occasion d'agir dans le bon sens avant qu'il ne soit trop tard. Savoir que l'on a compté dans la journée de quelqu'un grâce à une action prévenante ou des paroles attentionnées procure à coup sûr une lueur de satisfaction. Illuminez votre vie et celle d'autrui avec des paroles aimables, utiles ou inspiratrices.

Aujourd'hui est le premier jour

8

Quelle que soit votre humeur du moment, arrêtez-vous une seconde et savourez une montée d'enthousiasme à la pensée qu'aujourd'hui est un nouveau commencement.

Pour ce nouveau départ, comment souhaitez-vous vivre votre journée ? Bien sûr, elle aura sans doute son lot de travail, de tâches ménagères habituelles, des mêmes gens imparfaits qui vous entourent au quotidien, mais ne laissez pas cela entamer votre humeur et entretenez ce sentiment de nouveau commencement tout au long de votre journée ; vous verrez qu'il égaiera votre approche de la vie et aura un effet bienfaisant sur tous ses aspects. Mettez un point d'honneur à être positif, et les résultats ne se feront pas attendre.

Bonheur instantané

DANS LE PRÉSENT
Faites de l'instant présent un nouveau départ. Maintenant !

9 Savourez l'anticipation

Retardez quelques petits plaisirs aujourd'hui, et savourez l'anticipation supplémentaire que cela vous procure. Même une banale tasse de café sera d'autant plus délicieuse que vous attendrez un peu pour la prendre et que vous aurez le temps d'y penser et de la désirer. Au lieu d'être ordinaire, elle deviendra un vrai plaisir, un cadeau que vous vous ferez à vous-même, une récompense pour un travail bien fait. Le retardement de la satisfaction intensifie également les sensations; c'est donc un moyen à la fois d'ajouter au plaisir et de l'amplifier. S'entraîner à faire preuve de volonté est également très agréable. Au lieu d'adopter une attitude consistant à se dire «il me le faut tout de suite», décidez du moment où vous aurez quelque chose, et réjouissez-vous d'avoir à l'attendre.

Sur la bonne voie ?

10

Au moins une fois par mois, demandez-vous comment vous vous sentez dans votre vie. Si votre existence est bien sur la voie que vous souhaitez prendre, réjouissez-vous et appréciez-la ; peut-être trouverez-vous au contraire que quelques ajustements sont nécessaires.

Le simple fait de porter votre attention sur un problème qui nécessite qu'on s'y arrête vous fera réfléchir aux moyens de changer les choses, et votre inconscient vous aidera également à vous remettre sur les rails. Prenez note de votre progression, car cela vous mettra à l'écoute de vos besoins et vous procurera un sentiment de bien-être.

La pensée du jour

JOURNAL INTIME
Utilisez votre journal intime pour évaluer la progression de votre vie.

11 — Délectez-vous de sons

Bonheur instantané

LE CHANT DES OISEAUX

Remarquez toutes les sortes de chants d'oiseaux à l'aube. Réjouissez-vous de leur existence et du fait de pouvoir les entendre.

Les sons sont souvent la première chose que l'on remarque au réveil, sans doute parce qu'ils nous ont sortis du sommeil et que nous aurions aimé rester au lit un peu plus longtemps. Choisissez de les laisser vous ravir plutôt que vous agacer.

Comment? C'est facile. Au lieu d'essayer d'empêcher les sons de vous atteindre ou de vous en plaindre, donnez-leur un tour positif. Réjouissez-vous du don de l'ouïe, et du lien matinal avec le monde qu'il vous offre. Souriez et bénissez les gens ou les animaux qui vous entourent. Rendez grâce au jour nouveau. Écoutez avec votre cœur. Nourrissez votre sens de l'humour et savourez le fait d'être relié au monde et à la vie que vous trouvez en ouvrant les yeux.

Le bon côté des choses — 12

Prêtez attention aux bonnes choses de ce monde, et elles vous remonteront le moral. Il est si facile de se perdre dans la mélancolie et la fatalité : les informations et les médias en général ont tendance à se focaliser sur les mauvaises nouvelles, qui sont plus sensationnelles et retiennent l'attention du public. Les mauvaises nouvelles font vendre les journaux.

Conservez le sens de la mesure. Beaucoup de chance, de bonheur, d'amour et de positivité vous entourent, à portée de main comme dans le monde extérieur. Cherchez le bon côté des choses et vous verrez qu'il n'est pas illusoire d'y croire, car il est partout. Garder à l'esprit et reconnaître l'incroyable profusion de bonnes choses en chacun neutralise le cynisme et procure une sensation merveilleuse d'exaltation.

13 Pensez à votre santé

La pensée du jour

FAITES DES PROJETS

Pensez à quelque chose que vous aimeriez faire pour améliorer votre santé, quelque chose qui vous plairait. Prenez rendez-vous aujourd'hui pour commencer cette activité, et notez-la dans votre journal.

Comment va votre santé aujourd'hui? Vous vous sentez en forme? Alors restez sur la bonne voie et continuez à vous occuper de vous-même. Si votre santé n'est pas si vaillante que cela, alors faites encore plus attention à vous. Élaborez également des projets visant à donner à votre corps toutes les chances d'être en pleine santé et d'améliorer sa forme.

Savoir qu'on peut faire beaucoup pour améliorer sa santé préserve du sentiment d'impuissance, qui fait que l'on se sent à la merci de la fatalité, et emplit d'espoir et de pensées positives. Prêtez attention à votre état de santé actuel et faites quelque chose pour l'améliorer aujourd'hui.

Attention à la mauvaise humeur

14

Contrarié ? Prêtez attention à ce sentiment. Nier une émotion négative la fera grandir au lieu de la faire disparaître, alors affrontez-la dès que vous l'apercevez.

Plutôt que de dire « je ne suis pas en colère, déprimé ou frustré », quand vous savez au fond que vous l'êtes, admettez-le et parlez-en à quelqu'un d'autre afin de donner corps à cette émotion. Nier la négativité la rend d'autant plus persistante. Reconnaître une mauvaise humeur lui fera perdre le contrôle qu'elle exerce sur vous, et vous vous sentirez immédiatement mieux. Cela vous donnera aussi l'occasion de réfléchir aux causes de cette mauvaise humeur et de leur faire face. Vous pourrez alors ensuite intégrer des pensées positives qui redonneront à votre bonheur un socle solide.

La pensée du jour

COUP DE BLUES ?

Si vous avez des pensées négatives, dites-vous : « Quelle en est la cause ? », et vous trouverez les réponses et les stratégies dont vous avez besoin.

15 — Surveillez votre démarche

> **Bonheur instantané**
>
> **MIROIR IMAGINAIRE**
>
> Imaginez-vous devant un miroir dans lequel vous vous voyez de la tête aux pieds, ou devant un être cher qui vous observe ; vous vous redresserez et vous déplacerez instantanément avec plus de grâce, ce qui procure une sensation merveilleuse.

Marchez sans traîner les pieds. La façon dont on se déplace peut avoir un grand impact sur l'humeur, et marcher d'un pas alerte peut réellement améliorer l'état d'esprit.

Ne vous affaissez pas. Portez fièrement votre corps, comme si vous marchiez sur de l'air, et vous aurez l'impression que c'est vraiment le cas. Marchez en vous grandissant, faites des enjambées assurées, bombez légèrement la poitrine pour la sortir de votre ventre, et relevez votre menton pour le sortir de votre gorge. Dès que vous améliorerez votre posture, votre vision des choses suivra et s'éclairera, et si vous balancez vos jambes depuis votre bassin au lieu d'utiliser tout votre corps pour les soulever, vous aurez en prime l'impression d'être un mannequin et d'avoir du style.

Faites de nouveaux projets 16

Il est trop facile de laisser autrui, ou vous-même, saboter vos idées et vos rêves. Ceux-ci ne se réaliseront que si vous y croyez fermement et que vous êtes capable de les mener à bien. Ayez donc des pensées positives et réfléchissez à des possibilités et des plans pour faciliter leur progression.
Parfois, de nouveaux projets se mettent à vivre leur propre vie et démarrent en trombe, et c'est tant mieux! Mais la plupart du temps, ils ont besoin que vous ayez confiance en vous et en eux, et nécessitent une mesure égale de persévérance et de courage.

Ça fait un bien fou, lancez-vous! Saisissez-vous d'une idée géniale qui vous semble avoir de l'avenir. Mettre ses pensées et ses actions au service d'un rêve libère le bonheur.

La pensée du jour

LIVRE DES RÊVES

Faites l'acquisition d'un carnet qui sort de l'ordinaire, par exemple avec une jolie couverture, et efforcez-vous d'y consigner tous vos espoirs et vos rêves. Cela leur donnera vie. Gardez ce carnet à portée de main, et consultez-le souvent.

17 — La logique contre la peur

La pensée du jour

UNE BONNE RECETTE

« Il ne faut pas réveiller le chat qui dort » : voilà un bon proverbe pour préserver son bonheur.

Ne vous en faites pas pour des choses qui ne vous arriveront sans doute jamais. Faites attention à ce qui vous fait particulièrement peur et prenez des mesures constructives afin d'éviter tout danger réel, puis profitez de votre journée avec le sentiment que vous pourrez faire face à tout ce qui peut arriver, si cela arrive.

Vivre comme si l'on était constamment menacé est contre-productif. Voyez plutôt la peur comme un allié qui vous envoie un avertissement ; le fait de lui faire face vous empêchera d'en faire une obsession. Une fois prises les mesures adéquates, la peur s'estompe et vous laisse libre de vous sentir joyeux et détendu.

Il est temps d'être à l'heure

18

Calculez large pour être à l'heure : c'est agréable et cela vous épargnera du stress. Si vous courez toujours à vos rendez-vous ou que vous achevez des tâches trop précipitamment, vous serez constamment en état de stress, et le bonheur sera plus difficile à atteindre.
Il est extrêmement satisfaisant d'être ponctuel; cela aide à se sentir efficace et professionnel, et permet également de respecter le temps d'autrui. Après tout, les autres ont besoin que vous les respectiez, eux et leurs efforts.
Il est formidable de savoir que l'on dispose de largement assez de temps pour accomplir une tâche comme il se doit. La ponctualité favorise l'assurance et la confiance en soi, et elle est toujours agréable pour soi-même comme pour l'entourage.

Bonheur instantané

CALCULEZ VOS TRAJETS

Calculez grossièrement la durée de votre trajet, et ajoutez-y 15 minutes. Si vous arrivez en avance et que vous avez du temps à tuer, ça ne fait rien !

19
Aménagez-vous des temps de repos

Bonheur instantané

PENSEZ À « RIEN »

Si vous voyagez en train ou en bus, prenez quelques instants pour fermer les yeux et penser au mot « rien ». Si votre esprit s'égare, remettez-le au pas en pensant à nouveau à « rien ».

Aussi débordé que vous soyez, pensez à faire l'effort de vous aménager des temps de repos bien à vous. N'y voyez pas un acte égoïste et injustifié, vous auriez tort. C'est bon pour votre âme, votre équilibre mental et votre capacité à faire preuve à la fois d'efficacité et d'amour, et à vrai dire pour votre bonheur global. Votre travail et toutes les personnes qui vous entourent y gagneront.

Prévoyez au moins une demi-heure, mais même quelques minutes seront mieux que rien. Il vous appartient de décider de ce que vous ferez ; vous pouvez sommeiller, lire ou vous rendre brièvement dans un lieu de culte ou un parc pour y trouver quelques instants de calme et de solitude. Ce qui compte, c'est d'immobiliser votre esprit dans le tourbillon de vos activités quotidienne.

Mettez le holà aux excitants

20

Les excitants peuvent vous mettre sur les nerfs et réduire vos instants de bonheur potentiels. Remplacez donc toute consommation de boisson contenant de la caféine et autres excitants chimiques par de l'eau ou une tisane apaisante de menthe poivrée ou de camomille, par exemple.

Au lieu de vous rendre hyperactif et même anxieux, ces substituts à la caféine donneront un coup de pouce à votre bien-être et à votre calme, et vous aideront à conserver un bonheur intérieur constant et stable au cours de la journée.

En règle générale, soyez tendre envers votre corps et votre esprit en absorbant des boissons réconfortantes plutôt que celles qui semblent donner un coup de fouet, mais qui en réalité vous laisseront tendu et hyperactif.

Bonheur instantané

TISANE DE CAMOMILLE ET DE CATAIRE

Mettez une cuillerée de camomille et une cuillerée de cataire séchée dans une théière. Couvrez d'eau bouillante, et laissez infuser pendant 15 minutes avant de consommer.

21 — Des pauses régulières

Bonheur instantané

LE TOUR DU QUARTIER

Sortez et faites le tour du quartier en marche rapide pendant 10 minutes. Vous vous sentirez revigoré et vivifié, et prêt à retravailler.

On accomplit bien mieux une tâche si l'on prend des pauses régulières. Ces pauses ne reviennent pas à tirer au flanc ; elles sont énergisantes et essentielles au bien-être, alors ne restez pas assis à votre bureau ni concentré sur une tâche pendant des heures d'affilée. Levez-vous, bougez ou faites autre chose pendant un moment. Toutes les 40 minutes environ, prenez quelques minutes pour vous détendre ; le simple fait de faire le tour de la pièce en marchant ou de regarder par la fenêtre est agréable et permet de se changer les idées. Des pauses plus longues, en milieu de matinée et d'après-midi, ainsi qu'une pause déjeuner, apporteront un plus à votre journée. Votre efficacité et votre créativité seront décuplées, et vous prendrez d'autant plus de plaisir à faire votre travail.

Chouchoutez-vous : mangez bien

22

Ce que l'on mange affecte l'humeur et le corps ; il est donc important d'apprendre à connaître les bienfaits des différents aliments, afin de pouvoir choisir ses repas et ses encas avec soin. Cela fournit non seulement une sélection de goûts délicieux à savourer, mais aussi tous les nutriments dont on a besoin pour rester heureux et en bonne santé. Des petits encas occasionnels de nourriture industrielle, comme des chips ou du chocolat, sont acceptables, mais efforcez-vous de les limiter à une ou deux petites portions par jour. En règle générale, ayez une alimentation composée de beaucoup de fruits et légumes (cinq portions par jour est un bon objectif), de protéines et de glucides lents, et choisissez des aliments complets lorsque vous le pouvez.

23 — Laissez le travail au travail

Bonheur instantané

CHANGEZ DE VITESSE

Essayez de passer des vêtements confortables et décontractés lorsque vous rentrez chez vous ; cela vous aidera à vous détendre et à laisser votre journée de travail derrière vous. Cette méthode est particulièrement efficace si vous portez des vêtements de travail quelque peu professionnels, voire un uniforme.

Prenez l'habitude de laisser votre travail derrière vous quand vous quittez votre lieu de travail ; efforcez-vous de ne pas l'emporter chez vous. Opérez une séparation nette entre votre vie à la maison et votre travail, afin de pouvoir vous détendre et profiter de vos loisirs, de votre famille et de vos amis au maximum.

Vos loisirs sont une oasis de bonheur où vous pouvez vous détendre. Sans aucun souci ni aucune tension liés au travail pour empiéter sur votre vie privée, ils deviendront un moment privilégié qui n'appartient qu'à vous et à ceux que vous aimez. Une coupure bien nette avec le travail permet aussi de recharger ses batteries et son inspiration, et vous laisse régénéré et prêt à retravailler le lendemain.

La magie des saisons — 24

Quelle est l'époque de l'année ? Peut-être êtes-vous tellement occupé que vous n'avez pas vraiment remarqué. Observez la saison dans laquelle vous vous trouvez et goûttez sa magie en allant faire un tour à pied au parc ou en pleine nature.

C'est l'automne ? Savourez sa richesse et amusez-vous à froisser ses feuilles aux couleurs chatoyantes.

C'est l'hiver ? Regardez les formes fascinantes que prennent les arbres lorsqu'ils ne sont pas revêtus de leur feuillage.

C'est le printemps ? Frissonnez à la vue des perce-neige, des crocus et autres fleurs précoces.

C'est l'été ? Délectez-vous de l'abondance de fleurs et de feuillages. Sentez votre moral prendre son envol en savourant le spectacle merveilleux de la nature avec ses couleurs, ses formes et ses parfums changeants.

Bonheur instantané

RAPPELS SAISONNIERS

Ramassez de petits objets dans la nature que vous exposerez comme rappel de la saison du moment. Pourquoi ne pas ramasser des feuilles craquantes et dorées la prochaine fois que vous irez faire une promenade ?

25 — Contrôlez la colère

La pensée du jour

RÉFLÉCHISSEZ AVANT DE CRIER

Cela vous calmera, et vous trouverez alors une meilleure stratégie pour vous-même et pour le problème à régler tout en laissant votre bonheur intérieur intact.

Avez-vous déjà été agacé par quelqu'un et senti la colère monter ? La colère est une sorte de complaisance envers soi-même qui peut être très destructrice, à la fois pour vos rapports avec autrui et pour vous-même. Décidez, ici et maintenant, que vous ne laisserez pas la colère faire surface la prochaine fois que quelqu'un vous poussera à bout. Au lieu de cela, arrêtez-vous et pensez à la manière dont l'amour agirait à votre place, pour le bienfait de tous. La colère utilisée pour se défouler ne fait qu'empirer les choses, alors choisissez une manière calme et constructive de faire face à la situation. Si c'est trop difficile, éloignez-vous du problème pour le moment : vous donner le temps de vous détendre et de prendre de la distance pourrait bien être la solution en soi. Dans les situations qui demandent d'agir, une réaction appropriée vous viendra alors naturellement.

Bonne pêche — 26

Chaque fois que vous n'en pouvez plus, imaginez que vous plongez dans votre sac et que vous en sortez une image positive : par exemple le sourire d'un être cher ou un évènement merveilleux, ou encore un fragment de sagesse que vous avez toujours sur vous. Sentez le bonheur et la chaleur que cette image vous procure.

Assistez à un évènement en direct — 27

Amusez-vous à choisir parmi les suggestions des journaux ou sur Internet. Quel que soit l'évènement auquel vous assistez, savourez-le à l'avance. Soyez un membre positif du public et manifestez joyeusement votre intérêt et votre appréciation de l'évènement à mesure qu'il se déroule.

28 — Solutions simples

La pensée du jour

SIMPLICITÉ

Essayez de vivre simplement. Si vous faites le choix d'un mode vie simple, vous verrez que cela vous donnera une grande force.

Le bonheur aime la simplicité. Les solutions simples, l'essentiel, l'amour : toutes ces choses sont là, tout le temps, sous vos yeux.
Il est pourtant si facile de se ruer dans toutes sortes de voies compliquées et de faire des choses les plus simples des casse-tête et des problèmes alambiqués. Regardez ce qui compte vraiment ; vous vous épargnerez tous ces tours et ces détours et vous rendrez directement au cœur du bonheur. Qu'il s'agisse de petites ou de grandes questions, allez à l'essentiel. Il est si bon de vivre simplement.

Dans le caractère, le comportement, le style, en toutes choses, le summum de l'excellence est la simplicité.

Henry Longfellow

Aimez-vous

29

S'aimer ne signifie pas être narcissique, arrogant ni égocentrique. Il s'agit en fait de s'apprécier et de vivre avec soi-même.

Peut-être ne vous trouvez-vous pas toujours terriblement aimable? C'est normal, vous n'êtes qu'humain après tout! Mais cela vous donne l'occasion d'être meilleur à partir de maintenant, d'une façon ou d'une autre, et de devenir la personne que vous voulez être.

La pensée du jour

ACCEPTEZ-VOUS
Faites de votre mieux, soyez au meilleur de vous-même et aimez-vous comme vous êtes.

30 — Mars et Vénus

> *La pensée du jour*
>
> **LE CHOC DE LA RENCONTRE**
>
> Que vous soyez de Mars ou de Vénus, aimez vos différences.

Les hommes et les femmes sont-ils si différents? Bien sûr que oui! Ce n'est pas seulement à cause de la manière dont nous avons été élevés; c'est aussi génétique, et les sexes seront toujours différents.

Ainsi, la prochaine fois que quelqu'un du sexe opposé vous laisse perplexe ou frustré de son comportement si peu caractéristique de votre propre sexe, comprenez les différences fondamentales qui existent entre vous, esquissez un sourire ironique et haussez les épaules; de cette manière, vous ne vous laisserez pas agacer et vous direz joyeusement : « Vive la différence! »

S'ils sont compris et respectés, nos différents traits de caractère sont intéressants et se complètent à merveille.

Riez aux éclats 31

Rire aux éclats est une recette instantanée pour se sentir heureux, et rire de bon cœur est un bonheur immédiat qui illumine tous ceux qui vous entourent. Regardez autour de vous et pensez à quelque chose qui vous fasse rire ; votre sens de l'humour sera un rayon de soleil pour tout votre entourage.

Dans la salle d'attente d'un hôpital, par exemple, regardez comme les réceptionnistes et secrétaires médicales enjouées ont un effet positif sur tout le monde présent. Si le personnel est souriant et de bonne humeur, pas bruyant, mais discrètement distrayant, il se crée alors une atmosphère détendue, qui peut faire d'une attente potentiellement effrayante dans un hôpital un moment plus léger et plus gai.

Bonheur instantané

FOU RIRE

Combien de personnes pouvez-vous faire rire aujourd'hui rien qu'avec votre rire ?

check-list 1 — Quels progrès ?

Que vous ayez essayé plusieurs idées ou une seule ce mois-ci, il est bon de méditer sur ce que vous avez choisi d'expériment et pourquoi, et de voir si cela vous a réussi.

1. Combien d'activités avez-vous essayées ce mois-ci ?
- 1–3 activités ☐
- 4–10 activités ☐
- 11–20 activités ☐
- 21–31 activités ☐

2. Combien de ces activités avez-vous renouvelées plusieurs fois au cours du mois ?
- 1–3 activités ☐
- 4–10 activités ☐
- 11–20 activités ☐
- 21–31 activités ☐

3. Quelles activités ont eu un effet positif sur votre humeur ce mois-ci ? Utilisez la page ci-contre pour consigner ce qui vous a réussi et ce qui ne vous a pas réussi.

Notes, remarques et pensées

32 — Ne vous en mêlez pas

> *Le mieux est l'ennemi du bien.*
>
> **Proverbe**

Soyez prudent si, comme beaucoup de monde, vous avez tendance à trop vous impliquer et à tenter d'organiser la vie des autres, même lorsque la situation n'exige en réalité aucune action.

Si vous aimez contrôler les choses et que vous possédez des talents de meneur, alors tant mieux, mais il est important de ne les utiliser que lorsqu'ils sont vraiment nécessaires. La plupart du temps, les gens et les évènements font leur petit bonhomme de chemin sans se laisser démonter par les caprices et les embûches de la route. Gardez les yeux ouverts et efforcez-vous de sentir si votre contribution est réellement utile, si elle est superflue ou même malvenue.

Prendre du recul et laisser les choses se faire est souvent la meilleure recette pour un heureux résultat pour tous, y compris soi-même.

Un contact chaleureux 33

Un contact chaleureux suffit parfois à faire que quelqu'un se sente mieux. Par un geste, montrez à une personne que vous compatissez et que vous comprenez. Ressentez la chaleur que vous transmettez à autrui.

Ayez des gestes légers, car certaines personnes ne sont pas à l'aise avec le contact physique. Vous pouvez leur tenir la main ou simplement poser une main amicale sur leur épaule ou leur genou.

Le contact physique est une connexion, le temps d'un instant, qui transmet votre solidarité et votre soutien. Il dit, plus que ne le peuvent les mots, que vous êtes là pour la personne. Le contact peut faire passer l'amour, la guérison et l'inspiration. Il est puissant, empathique et rassemble les êtres dans une vague de bonheur tacite.

Bonheur instantané

TOUCHÉ

Aujourd'hui, prenez la résolution d'entrer en contact physique avec au moins une personne : ce peut être une poignée de main ordinaire ou peut-être une accolade.

34 Choisissez le bonheur

> Le bonheur n'est pas une destination, mais une façon de voyager.
>
> **Adage**

Le bonheur est un art, une habitude de vie, un coup à prendre qui devient de plus en plus facile à mesure que l'on s'y exerce, jusqu'à ce qu'il devienne une seconde nature. Cependant, les êtres humains sont des créatures sensibles, vulnérables et douées d'émotions et, aussi enjoué et content que l'on puisse devenir avec de l'entraînement, les humeurs varient. Lorsque votre moral est à la baisse et que vous regrettez la disparition du bonheur, rappelez-vous que celui-ci n'est pas une destination où l'on peut séjourner en permanence une fois qu'on l'a atteinte.

Le bonheur est sans aucun doute un chemin que l'on peut choisir; on peut être poussé hors de ce chemin, s'en éloigner ou le perdre de vue dans les moments de confusion. Ne perdez jamais l'espoir de le retrouver. Ne vous attendez pas à être heureux en tout temps, mais sachez que vous êtes sur un chemin semé d'occasions de bonheur et de nombreux moments de contentement et de grande joie.

Maquillez-vous

35

Essayez de vous maquiller légèrement, même si vous ne le faites pas en temps normal ou que vous n'avez pas prévu de sortir. Le maquillage n'est pas seulement fait pour être vu par autrui, c'est aussi pour vous. Pas besoin d'en mettre des tonnes, une simple touche peut mettre d'une tout autre l'humeur.

Même si vous ne pensez pas croiser âme qui vive de toute la journée, vous maquiller légèrement sera un message porteur d'amour envers vous-même, comme un petit cadeau que vous vous ferez ; c'est si bon de se regarder dans la glace et de se dire : « Ah, voilà qui est mieux ! » ; Peut-être aurez-vous l'impression que le maquillage est superflu et que votre joli minois n'a pas besoin de ça. Très bien ! L'important est qu'une petite étincelle ajoute de l'éclat à votre amour-propre tout au long de la journée.

Bonheur instantané

MAQUILLAGE LÉGER

Pas besoin de se maquiller comme pour le grand soir. Une touche de rouge à lèvres et un peu de fard à jours, par exemple, suffiront à faire la différence.

36 — Commencez un nouveau roman

Faites-vous plaisir et plongez-vous avec délices dans le dernier roman d'un de vos auteurs préférés, dès sa parution. Offrez-vous le luxe de la version brochée, juste pour cette fois.

Savoir que vous êtes l'un des premiers lecteurs de ce livre vous donnera un sentiment de proximité avec l'auteur. Il est passionnant d'être parmi les premiers à découvrir un ouvrage et à donner son avis, et il peut être intéressant de comparer vos pensées avec la critique présentée dans la presse.

Matériellement, un livre flambant neuf procure une sensation agréable et particulière : il est beau à regarder, il sent bon et il est agréable à manier. Appréciez la qualité du papier, la couverture et la jaquette.

Soyez spontané

37

Essayez d'être plus spontané d'une manière générale. Aussi satisfait que vous soyez de votre mode vie habituel, dire « oui » à une nouvelle suggestion peut créer six formes de bonheurs différents.

1. Le plaisir et la surprise provoqués par l'idée.
2. L'intérêt supplémentaire que suscite cette idée lorsqu'on envisage de l'accepter.
3. Le plaisir de dire « oui ! »
4. L'enthousiasme créé par l'accomplissement de cette idée.
5. La satisfaction de l'avoir fait.
6. Le plaisir rémanent du nouveau souvenir que vous vous êtes créé.

Essayez donc de dire « oui » plus souvent, et récoltez-en les fruits de diverses façons.

38 Appréciez vos possessions

Bonheur instantané

GRATITUDE
Chaque jour, appréciez vos repas, vos vêtements et votre maison. Savourez ce doux sentiment.

Si vous avez la chance d'avoir de belles possessions, profitez-en autant que vous le pouvez. Les bijoux, par exemple, peuvent être une source de grand plaisir et de fierté.

Cependant, les objets qui vous sont précieux peuvent aussi être une cause d'inquiétude. Peut-être évitez-vous de porter certaines possessions parce que vous avez peur de les perdre. Essayez de ne pas perdre votre temps et vos sentiments à vous faire du souci pour des objets, et faites attention à ne pas être jaloux des possessions d'autrui.

Voyez plutôt ce qui a vraiment de la valeur, en termes matériels, dans votre existence. Pensez à ce qui est essentiel dans votre vie. En fin de compte, tout ce dont vous avez besoin est d'un toit au-dessus de votre tête, de nourriture et de chaleur. Le reste est un luxe à apprécier.

Ne vous posez pas en victime

39

Le bonheur implique de ne pas être une victime. Personne ne peut vous tyranniser ni vous humilier à moins de l'y autoriser en lui donnant du pouvoir. Resistez de toutes vos forces. Parfois, le simple fait de montrer que vous ne cédez pas émotionnellement suffit à gagner le respect d'autrui. Si cela vous est difficile, vous pouvez chercher de l'aide auprès d'un spécialiste afin d'apprendre à faire face aux menaces physiques et émotionnelles et à les anéantir.

N'ayez crainte ! L'aide est à portée de main. Ce n'est pas seulement bon de se défendre tout seul, c'est aussi extrêmement libérateur. Prenez les rênes de votre vie personnel ! Résistez fermement à la victimisation et savourez votre liberté.

40 C'est fini ? Lâchez prise !

> Qui avec une joie
> se lie
> Détruit les ailes
> de la vie ;
> Qui en son vol
> l'embrassera
> Dans l'aube
> éternelle vivra
>
> **William Blake**

Si une bonne relation arrive à son terme, laissez-la s'envoler avec grâce. Oui, elle vous manquera et, si elle vous était plus que précieuse, vous en souffrirez beaucoup. Faire le deuil complet d'une relation prendra sans doute du temps, mais au bout du compte vous en guérirez et votre chagrin s'estompera.

Vous favoriserez le miracle de la guérison en étant heureux et reconnaissant de la joie que vous avez eu la chance de ressentir. Même si c'est trop douloureux pour l'instant, alors que vous venez juste de perdre cet être cher, après avoir laissé passer du temps, rappelez-vous et appréciez de nouveau, dans vos souvenirs, les bons moments que vous avez eus ensemble.

Refusez de vous embourber dans l'amertume et le regret, et soyez reconnaissant pour l'amour et la joie que vous avez connus, tout en sachant que le bonheur vous reviendra.

Faites des compliments   41

Dites des choses agréables à entendre à ceux que vous aimez. Voyez combien de vies vous pouvez illuminer avec un compliment sincère. Observez l'étincelle de plaisir que vous créez, et comptez les sourires et les yeux qui brillent. Vous serez surpris de voir comme il est facile de trouver quelque chose de réellement gentil et de sincère, à dire. Vous illuminerez votre journée par la même occasion!

Écoutez le rire d'un enfant   42

Il est peu de choses aussi merveilleuses et charmantes que le rire d'un petit enfant. L'expression de pur plaisir est d'autant plus exaltante que ce son est ravissant et exprime la capacité d'amusement de l'enfant qui s'épanouit. Vous en rirez vous aussi, car c'est absolument contagieux. Oui, le rire d'un enfant est un joyau de bonheur qui n'a pas de prix.

43 — Respirez profondément

Bonheur instantané

PENSEZ À VOTRE SOUFFLE

Si vous vous sentez devenir nerveux, pensez à la manière dont vous respirez, et vous vous calmerez automatiquement.

Si vous traversez une période d'anxiété particulière, vous ressentirez les effets bienfaisants d'une respiration lente et régulière encore plus rapidement si vous mettez vos mains en coupe sur votre nez : tandis que vous vous concentrerez pendant quelques minutes sur votre souffle, le rythme et l'inspiration d'une plus grande quantité de dioxyde de carbone vous apporteront une sensation de calme et de bonheur profond.

Sentez le bonheur circuler en vous. Imaginez, en expirant, que vous expulsez toutes vos émotions négatives pour inspirer des émotions positives et de l'amour. Ralentir et approfondir sa respiration est une méthode rapide et efficace pour diminuer le stress et restaurer une sensation d'harmonie intérieure.

Et hop, demi-tour ! 44

Même les personnes sûres d'elles doivent parfois revenir sur ce qu'elles ont dit ; tout le monde peut se tromper. Il est important de ne pas se sentir obligé de persévérer dans une direction juste parce qu'on l'a prise. Il est bien sûr bon de se tenir à ses décisions, mais, si l'on se rend compte que l'une d'entre elles s'avère mauvaise, mieux vaut le reconnaître et l'avouer à toute personne impliquée, afin de pouvoir élaborer le plan d'action le plus judicieux.

Changer d'avis demande du courage, mais, lorsque c'est la chose à faire, cela contribuera à votre bonheur. Revenez sur une décision si vous sentez en votre âme et conscience que vous le devez. Cela vous permettra de vous détendre car vous saurez que vous avez fait ce qu'il fallait.

45 Acceptez les critiques

Bonheur instantané

VISUALISATION DU PARAPLUIE

Les yeux fermés, imaginez que vous tenez votre parapluie ouvert au-dessus de vous ; les paroles blessantes des gens pleuvent, mais ne peuvent vous atteindre grâce à lui.

Évitez de fustiger quelqu'un pour vous venger de ses critiques. La revanche vous semble peut-être agréable sur le moment, mais elle peut mal tourner en vous renvoyant une image acariâtre de vous-même, qui vous mettra mal à l'aise. Mieux vaut sourire de tels propos ou les ignorer, tout en leur accordant votre considération silencieuse sur le moment ou ultérieurement. Si vous pouvez en apprendre quelque chose, faites-le et réjouissez-vous de l'occasion. En revanche, si la critique est erronée, trop dure ou totalement injustifiée, faites-en abstraction et dites-vous fermement qu'elle n'est pas juste, et que vous n'en tiendrez pas compte.

En refusant de vous indigner des jugements d'autrui, qu'ils soient ou non justifiés, vous résisterez aux coups de la critique, et votre assurance et votre bonheur en sortiront intacts.

Vagabondez

46

Le vagabondage du corps comme de l'esprit est un vrai plaisir qui peut vous inspirer au quotidien. Vous pouvez prendre la route sans destination particulière ni trajet précis, ou vous pouvez simplement vous asseoir en silence pour voir ce qui vous vient à l'esprit et où vos songes vous emmènent. Vous pouvez aussi combiner les deux, bien sûr !

La joie du vagabondage réside dans la fraîcheur, l'intérêt et parfois l'exaltation et la gaieté que l'on ressent face à des vues et des idées nouvelles. C'est une activité qui détend et revigore à la fois.

Bonheur instantané

CHAUSSURES À PORTÉE DE MAIN

Gardez vos chaussures de marche près de votre porte d'entrée ou dans votre voiture, à un endroit bien en vue. De cette façon, vous aurez un rappel constant de l'importance du vagabondage, qu'il soit physique ou mental.

55

47 — Petit plaisir hebdomadaire

Offrez-vous au moins une fois par semaine un petit plaisir rien que pour vous : quelque chose qui vous fasse plaisir à vous et à personne d'autre, par exemple une activité artistique ou culturelle, un plaisir physique, ou quelque chose ayant trait à l'une de vos passions ; tout ce qui vous semble agréable, divertissant ou satisfaisant à vous seul.

Le bonheur que procure une sortie vous rendra plus disposé à prendre part au tourbillon d'activité de votre vie professionnelle ou familliale. Une fois vos batteries rechargées, vous pourrez apprécier pleinement votre vie, et vous constaterez une poussée de bonheur et d'énergie dans tous les domaines de votre existence.

Lancez une plaisanterie

48

Guettez l'occasion de faire un bon mot. Ce peut être une remarque ironique, ridicule, pleine d'esprit, un fin calembour ou autre jeu de mots amusant. Gardez à l'esprit que votre but est d'éclairer et d'illuminer l'existence des autres ; évitez donc tout sarcasme, cynisme ou scepticisme, car une telles démarche peut blesser quelqu'un ou casser l'ambiance entre vous.

Lancer des plaisanteries bienveillantes procure en soi une sensation de bien-être, et le rire qu'elles déclenchent est la cerise sur le gâteau.

La pensée du jour

BULLES

Un bon mot contient plus de bulles de bonheur qu'un verre de champagne.

49

Une idée folle

Bonheur instantané

DES CHAPEAUX FARFELUS

Pourquoi ne pas collecter des fonds pour oeuvre de bienfaisance de votre choix en faisant porter à vos collègues un chapeau farfelu sponsorisé pour le déjeuner de midi ?

Faites quelque chose de loufoque. Élaborez un projet fantaisiste et merveilleux ; n'importe quoi, du moment que cela ne fait de mal à personne, bien entendu. Amusez-vous à voir si vous pouvez ensuite le réaliser.

Même s'il s'avère que le projet n'aboutit à rien de concret, vous aurez créé un envol formidable de l'imagination et fait le bonheur d'autrui en même temps. S'il s'agit d'une action profondément honorable et généreuse, un don de temps ou d'argent à votre association caritative de prédilection, ou une tentative de changer les idées à un ami qui traverse une période difficile, alors c'est encore mieux. Lancez-vous, libérez votre imagination et trouvez une idée splendide et passionnante.

Laissez grandir l'autre   50

Tout le temps où vous grandissez et mûrissez, vous découvrez des choses sur vous-même et vous apprenez aussi la vie. Tout le monde dans votre vie en fait autant, y compris les êtres qui vous sont les plus proches et les plus chers.

Plus on reconnaît et examine ce processus permanent, plus il est facile d'accepter les changements de l'être aimé et de laisser son amour s'ajuster en duo. De cette façon, on peut soutenir le processus de maturation de l'autre et l'aider à être qui il est vraiment à ce moment précis, de la meilleure manière possible. Aidez-vous mutuellement à grandir et à être vous-mêmes, afin de respirer le bonheur pour lequel vous êtes faits.

*Je te laisserai grandir.
Tu me laisseras grandir.
Nous apprendrons l'un de l'autre,
et nous pourrons grandir ensemble.*

Marianne Williamson

51 — Soyez fier de vos mains

Les mains sont exposées toute la journée, et sont toujours là. Elles sont d'autant plus dans votre champ de vision que vous les utilisez dans votre travail, alors pensez au plaisir et au bonheur potentiels que leur aspect peut vous procurer.

Pourquoi ne pas commencer à prendre soin de vos mains en vous offrant des manucures régulières. Expérimentez : essayez de vous mettre du vernis à ongles aux couleurs farfelues ou inhabituelles, si vous êtes une femme. Qui a dit que les ongles devaient être uniformément naturels ou vernis ? Exprimez votre personnalité !

Pardonnez-vous

52

Quand vous commettez de graves erreurs dans la vie et que vous causez du tort de manière intentionnelle ou inconsidérée, vous devez réussir à l'oublier par la suite.

Le mieux à faire est de suivre ce modèle : regretter ce qui a été fait, le montrer à ceux qui en ont souffert et apprendre ce que l'on peut de cette expérience. Si possible, rachetez-vous en réparant de quelque façon les torts causés. Pardonnez-vous ensuite à vous-même et laissez tout cela derrière vous. Vous autoflageller n'arrangera rien et n'aidera personne. Recouvrez votre bonheur et passez à autre chose.

Bonheur instantané

PROGRAMME EN 6 ÉTAPES

1. Regretter
2. Faire preuve de repentir
3. Apprendre
4. Se racheter
5. Se pardonner
6. Tourner la page

53 — Caressez un chat affectueux

Bonheur instantané

UN CHAT SUR LES GENOUX

Lorsque vous êtes assis sans bouger, en travaillant ou en regardant la télévision, laissez votre chat venir sur vos genoux. Appréciez sa présence, son amour et son ronronnement.

Pour vous sentir bien dans votre tête et dans votre corps, caressez un chat. La fréquence de son ronronnement résonnera en harmonie avec la force de guérison de votre corps. Le son du ronronnement est apaisant et le bonheur dont il est l'expression est contagieux.

Sa silhouette et son poil sont également source de plaisir : ils sont si doux et agréables à toucher. Son élégance, les motifs de son pelage, ses moustaches si fines et ses pattes si délicates feront naître un sourire sur vos lèvres, et l'affection que vous échangerez est un plaisir supplémentaire à savourer !

Célébrez l'eau ! 54

Faites comme l'hippopotame et aimez l'eau dans laquelle vous vous lavez ! Vautrez-vous dans l'eau et soyez reconnaissant de l'avoir. L'eau est l'une des commodités les plus précieuses, alors, au lieu de considérer votre réserve permanente d'eau froide et chaude comme allant de soi, soyez reconnaissant chaque fois que vous l'utilisez.

Délectez-vous de la sensation de l'eau sur votre peau, comme si vous aviez atteint une oasis après avoir passé des mois dans le désert. Apprécier les bonnes choses que l'on a intensifie le plaisir qu'elles nous procurent. Ce n'est pas qu'un petit luxe quotidien, c'en est un énorme !

Bonheur instantané

PENSÉE PURIFIANTE

Chaque fois que vous vous lavez le visage ou les mains, que l'eau jaillit du robinet et coule sur vos corps, arrêtez vos pensées un instant et rappelez-vous comme le don de l'eau est important pour tous.

55 — Changez de sujet

Vous surprenez-vous parfois à faire une obsession d'une situation à laquelle vous ne pouvez rien ? Par exemple, il est vain d'angoisser à propos de quelque chose qui se passe dans votre quartier et qui ne vous concerne pas.

Empêchez votre esprit de tourner en rond. Dites-vous fermement qu'il n'est pas nécessaire de batailler à ce moment précis, et changez le sujet de vos pensées en passant à quelque chose qui nécessite davantage votre attention. S'il n'y a rien qui attende, pensez à quelque chose de très positif dans votre vie, de très inspirant et créatif. On est ce que l'on pense, alors pensez positif, et vous vous sentirez heureux à coup sûr.

Le parfum des fleurs

56

Plongez avec délices dans le parfum d'un bouquet de fleurs ou même d'une seule fleur. Le parfum délicat des fleurs a le pouvoir de procurer un plaisir instantané si intense que le cerveau l'enregistre dans les moindres détails. Ces détails sont si précis que vous pourrez ensuite vous le remémorer à volonté.
Imaginez que vous respirez une rose très parfumée et concentrez-vous sur cette odeur. N'est-elle pas formidable, cette odeur, là, maintenant?
Le muguet plaît aussi beaucoup de monde. Et vous? Quel est le parfum que vous préférez et que vous vous rappelez le plus facilement? Faites-vous plaisir et respirez la joie de vivre.

57 — Ne déprimez pas

La famille est une grande source de bonheur, mais ses problèmes ne vous causent-ils pas de gros soucis, parfois? C'est difficile à éviter, parce qu'on aime les membres de sa famille et que l'on s'inquiète naturellement pour eux, mais ne laissez pas leurs périodes difficiles gâcher votre conception générale de l'existence.

Adoptez plutôt une vue d'ensemble et rappelez-vous que la vie est un peu un tohu-bohu pour nous tous. Tout comme vous, votre famille connaît des hauts et des bas. Vous ne pouvez pas tout résoudre et tout arranger d'un coup de baguette magique, mais vous pouvez bénir leur vie de votre amour et de votre soutien, qui leur seront plus précieux que tout. Ne l'oubliez pas et réjouissez-vous d'être là pour votre famille, car votre soutien lui apporte aussi du bonheur.

58
Écoutez de la musique chorale

La beauté de la musique chorale peut être émouvante et joyeuse. Elle peut vous exalter et enrichir votre vie. Choisissez quelque chose qui soit en harmonie avec l'aspect spirituel de votre personnalité, et vous vous sentirez transporté à un niveau supérieur de la conscience.

59
Pas de minimum syndical

Augmentez votre satisfaction et votre épanouissement au travail en allant, si ce n'est toujours au-delà des attentes, au moins un peu plus loin que strictement nécessaire. Il ne s'agit pas de faire des heures supplémentaires, mais de faire de votre mieux. Votre travail s'en ressentira, et vous y gagnerez cette autre récompense qu'est la fierté d'un travail bien fait.

60 — Regardez passer le monde

Que vous soyez occupé à faire quelque chose ou à vous reposer, appréciez de regarder passer le monde. Les expressions sur le visage des gens sont fascinantes, ainsi que la façon dont ils se déplacent, leur langage corporel et, jeunes comme moins jeunes, leur beauté intrinsèque. Ne les fixez pas du regard, sans quoi vous risqueriez de les intimider ou de vous faire taxer d'impolitesse. Contentez-vous de les remarquer discrètement ; c'est une manière de prendre part à la vie de vos semblables.

Vous serez étonné de voir comme chaque personne est intéressante, et tout ce qu'on peut apprendre des gens rien qu'en faisant attention à eux. Ce peut être très émouvant, et peut-être vous verrez-vous sous un jour nouveau, ce qui est une sensation très agréable.

Exercice en pleine nature

61

Rien de tel que de travailler au grand air pour se changer les idées ou se remonter le moral. Le jardinage est un excellent moyen de faire cela, alors mettez-vous au travail dans votre propre jardin, celui d'un ami ou d'un voisin.

Vous pouvez aussi travailler bénévolement dans une zone protégée. Creuser, tailler, désherber et nettoyer sont de bonnes activités pour stimuler la circulation sanguine et se réchauffer ; l'oxygène supplémentaire qu'elles transmettent à chaque partie du corps et au cerveau agit comme un coup de fouet bienfaisant. Les semis sont synonymes d'espoir et de foi en l'avenir ; la récolte, qu'elle soit de fleurs écloses ou de légumes mûrs, est une joie de nature différente, une célébration.

Bonheur instantané

LE DEHORS AU-DEDANS

Lorsque vous jardinez dehors, cueillez quelques fleurs ou quelques brins de verdure que vous disposerez dans un petit vase sur votre bureau ; ce sera un petit rappel de nature à l'intérieur.

check-list 2   *Quels progrès ?*

Que vous ayez essayé plusieurs idées ou une seule ce mois-ci, il est bon de méditer sur ce que vous avez choisi d'expérimenter et pourquoi, et de voir si cela vous a réussi.

1. Combien d'activités avez-vous essayées ce mois-ci ?
- 1–3 activités ☐
- 4–10 activités ☐
- 11–20 activités ☐
- 21–30 activités ☐

2. Combien de ces activités avez-vous renouvelées plusieurs fois au cours du mois ?
- 1–3 activités ☐
- 4–10 activités ☐
- 11–20 activités ☐
- 21–30 activités ☐

3. Quelles activités ont eu un effet positif sur votre humeur ce mois-ci ?
Utilisez la page ci-contre pour consigner ce qui vous a réussi et ce qui ne vous a pas réussi.

Notes, remarques et pensées

62 — Aimez votre corps

Ayez une opinion positive de votre corps, et vous aurez un impact significatif sur votre santé et votre bonheur. La recherche montre que lorsqu'on regarde un verre d'eau avec des pensées positives et avec amour, la forme des minuscules cristaux qui le composent change et prend un très bel aspect. Ayez des pensées négatives et laides, et vous pouvez être sûr que les cristaux en refléteront la laideur.

Votre corps fonctionne de la même manière. Ses cellules, qui se renouvellent sans cesse, réagissent positivement à une attitude heureuse et aimante. Aimer son corps crée le contentement et exerce une influence positive sur le bien-être global.

Portez vos vêtements préférés

63

Habillez-vous non seulement parce que vous le devez, mais parce que c'est amusant et que cela vous procure, ainsi qu'à autrui, du plaisir tout au long de la journée. Vous pouvez choisir une tenue entière que vous avez plaisir à porter et dans laquelle vous vous sentez totalement à l'aise, ou simplement un vêtement qui vous fait vous sentir merveilleusement bien.

Vous pouvez aussi opter pour un accessoire que vous aimez beaucoup : une écharpe d'une couleur qui vous sied particulièrement, des chaussures très élégantes ou un bijou qui attire l'œil. Porter quelque chose qui vous égaie contribuera à votre bien-être tout au long de la journée et sera également agréable pour autrui.

64 — Laissez-vous aider

Bonheur instantané

EXERCEZ-VOUS

Efforcez-vous de dire « oui, je veux bien » chaque fois que vous en avez l'occasion.

Il est si facile d'être trop autonome ou trop fier pour accepter l'aide offerte par autrui. Pour changer, soyez généreux envers vous-même et envers la personne qui vous offre son aide en disant : « Oui, je veux bien, ce serait très gentil. »

La plupart des gens adorent se rendre utiles, et on ne leur en laisse pas souvent l'occasion. Ainsi, vous les aiderez en les laissant faire quelque chose pour vous. C'est formidable de recevoir de l'aide, mais aussi de dire « merci », alors acceptez l'aide que l'on vous offre avec élégance. En plus de vous être utile, cela intensifiera les liens d'amitié entre vous et la personne qui vous aide.

Partagez la joie d'autrui

65

Réjouissez-vous avec vos amis, et leurs réussites et bonheurs vous rendront heureux vous aussi. Lorsqu'un heureux évènement arrive à un ami, il est naturel de penser : « Si seulement cela pouvait être moi » et l'envie, voire la jalousie, peut alors facilement s'inviter à la fête.
Réprimez ce sentiment avant qu'il ne gagne du terrain, en transformant cette réaction en joie démonstrative à l'égard de cet ami. Exprimez-lui votre bonheur avec enthousiasme. Prenez-le dans vos bras, faites le tour de la pièce en dansant avec lui… À partager sa joie de cette façon et avec sincérité, vous serez vraiment content d'avoir résisté à la négativité et de vous être abandonné au plaisir de le voir heureux. Bientôt, vous enthousiasmer des succès d'autrui sera pour vous une seconde nature et même un réflexe, et vous remarquerez vraiment un mieux dans votre état d'esprit.

66 — Faites régulièrement du sport

Il est important de faire régulièrement du sport, mais commencez doucement. Fixez-vous de petits objectifs faciles à atteindre et qui vous procureront une grande satisfaction. N'oubliez pas que l'exercice régulier aide à rester enthousiaste, en particulier si vous alliez une activité relativement douce comme la marche à une activité plus exigeante comme une séance à la salle de sport.

Décidez de la fréquence de vos activités et soyez réaliste quant au temps dont vous disposez et quant à votre motivation. Les rituels, tels que le fait de passer des vêtements de sport, sont toujours les bienvenus car ils vous préparent psychologiquement vous dépenser.

Une bonne condition physique améliorera votre forme et votre bien-être ; le sport est une activité si agréable, sans parler de la satisfaction qui suit. Ne faites pas qu'y penser, lancez-vous !

Croyez en votre bonne étoile 67

Croire en soi est le meilleur des porte-bonheur. Croyez par exemple en votre bonne étoile, puis donnez-vous les moyens d'avoir de la chance. Pour commencer, vous pourriez participer à des concours. Laissez de côté les jeux payants par téléphone ou sur Internet, et inscrivez-vous à des concours gratuits, ou à des jeux dont les profits sont reversés à des œuvres de bienfaisance. Rien ne dit que vous gagnerez, bien sûr, mais cela pourrai très bien arriver!

Qui plus est, se considérer comme chanceux incite à penser différemment et permet d'entrevoir son véritable potentiel de réussite dans tous les domaines et d'avoir des idées formidables. Se sentir chanceux, c'est se sentir bien et s'aimer. Nous connaissons tous des hauts et des bas dans la vie, mais croire en sa bonne étoile est un bon cap à tenir et augmente les chances de réussite.

La pensée du jour

BONNE CHANCE!
Si vous croyez à la chance, alors elle vous sourira.

68   *Profitez du voyage*

Il est bon d'avoir des objectifs et encore meilleur de les atteindre, mais le plus important, c'est le trajet qui y mène. L'effort que l'on prend plaisir à faire est un succès et une victoire en soi. Soyez conscient de ce que vous entreprenez, de votre énergie et de votre courage, et tirez-en satisfaction à chaque étape du chemin.

69   *Vous êtes unique*

Comme un flocon de neige, vous êtes unique. Personne dans le monde entier ne vous est identique. Même si vous avez un vrai jumeau, votre âme est toujours la vôtre, vos pensées et vos humeurs n'appartiennent qu'à vous, ainsi que votre volonté. Émerveillez-vous de ce fait fascinant. Exceptionnel? Ce n'est pas peu dire!

Ouvrez-vous à des amitiés nouvelles

70

On trouve toujours le temps pour ses amis, alors donnez à une nouvelle amitié une chance de s'épanouir en vous montrant ouvert, chaleureux et amical envers tous ceux que vous rencontrez. Vous avez déjà un bon cercle d'amis ? Très bien, mais il y a toujours de la place pour de nouveaux amis. Les amitiés varient et ne sont pas nécessairement des relations qui prennent du temps et demandent un investissement constant de soi. Tendre une main amicale à quelqu'un que vous appréciez, ou qui vous montre qu'il vous apprécie, est toujours agréable. Qu'importe si un lien ne se forme pas entre vous au bout du compte ? Apprendre à connaître quelqu'un, ne serait-ce qu'un peu mieux, et donner une chance à l'amitié est toujours agréable, même si cela ne mène ensuite nulle part. Et qui sait ? Vous bâtirez peut-être une amitié solide, ce qui serait formidable !

71 Mettez des paillettes dans votre vie

> ### Bonheur instantané
>
> **FAITES DES ÉTINCELLES**
> Décorer un sapin vous rappellera de laisser paraître les parties étincelantes de votre personnalité.

Ranimez votre amour enfantin pour ce qui brille et qui attire l'œil. Ces choses vous ont jadis fasciné et ravi, et elles le peuvent encore, si vous les laissez vous enchanter. À mesure que l'on grandit et que l'on prend de l'âge, les autres, la mode, la société, y compris nous-mêmes, commencent à imposer toutes sortes de contraintes et de freins et décident de ce qui se fait et de ce qui ne se fait pas. Dans une certaine mesure, cela ne pose pas de problème si l'on aime être conventionnel et avoir le style du moment, mais vous seriez surpris de voir comme il est agréable de s'amuser à porter quelques accessoires scintillants ou aux couleurs vives, qui vous rappellent d'éclairer votre visage d'un sourire.

Vous souvenez-vous comme les cierges magiques et autres choses brillantes ou étincelantes vous fascinaient, enfant? Appréciez-les tout comme avant; le plaisir est enfantin, et non infantile, et c'est une splendide étincelle de bonheur pour tous les âges.

Donnez sa chance à l'affection

72

Les amitiés les plus improbables peuvent naître lorsqu'on se trouve réunis par hasard, alors donnez sa chance à l'affection. Peut-être êtes-vous des parents, des voisins, des collègues ou des membres du même club mal assortis ; au lieu de serrer les dents et de supposer que vous n'avez rien en commun, décidez amicalement de vous entendre, d'une façon ou d'une autre. La relation qui s'ensuivra peut s'avérer étonnamment agréable, et un lien particulier pourrait bien se former et devenir cher à vos yeux. L'affection peut bien sûr évoluer en amour, et peut-être en est-il toujours ainsi si on le reconnaît.

Ne vous fermez donc pas à une relation ayant a priori peu de chances de fonctionner, et laissez-lui l'occasion de s'épanouir en vous entendant du mieux que vous le pouvez.

> L'affection peut exister entre les personnes les plus improbables. Sa gloire particulière est qu'elle peut unifier ceux qui, de manière très claire et même désopilante, ne sont pas faits les uns pour les autres.
>
> **C S Lewis**

73 — Aimez et soyez aimé

La pensée du jour

PENSEZ AU SUCCÈS

N'oubliez pas : le succès le plus grand et le plus assurément satisfaisant consiste à être une personne généreuse, prévenante et aimante.

Bien sûr, le succès consistant à gagner de l'argent et à bâtir et maintenir un train de vie confortable peut être une immense satisfaction, mais à la seule condition d'être associé au succès personnel bien plus grand qui consiste à être une personne généreuse, juste et de confiance.

Si vous suivez ces principes, vous aurez le plaisir constant d'aimer les autres et d'être aimé et estimé en retour, pour les meilleures raisons qui soient.

Commencez un album   74

Avez-vous déjà pensé à donner une impulsion à vos idées en commençant un album d'images et de mots qui vous inspirent et que vous aimez? Mettez dans ce cahier tout ce que vous voulez; vous pouvez y consigner les évènements de votre vie à l'aide de photos, ou il peut vous servir d'inspiration pour de futurs projets créatifs. Collectionnez des coupures, des morceaux de papier ou de tissus que vous y collerez. Disposez-les de façon artistique et prenez plaisir à le faire. Ajoutez vos propres écrits, lettres, cartes postales, fleurs et feuilles séchées, entrées de cinéma ou de théâtre et invitations. Vous pouvez aussi y mettre des morceaux de ruban, du galon coloré et des autocollants, et décorer le tout de votre propre style et de vos illustrations hautes en couleurs. Collez-y des images, des proverbes, des poèmes, des citations, bref tout ce qui vous plaît, vous inspire ou vous fait penser : « C'est tellement vrai! »

75   Faites bonne chère

Même si vous faites généralement très attention à ce que vous mangez, parfois, rien ne vaut de bons petits plats réconfortants pour vous redonner la pêche. Lorsque vous auriez bien besoin de réconfort et de douceur face au tohu-bohu de la vie, une petite douceur gastronomique peut tomber à pic.

Choisissez votre menu avec soin, et il vous procurera un bien-être et une délicieuse satisfaction. Évitez les suites fâcheuses et les pensées telles que « je-n'aurais-jamais-dû » en choisissant un repas ou un encas que vous aimez par-dessus tout. Ne consommez jamais les premières cochonneries à portée de main sans les apprécier vraiment, et faites durer l'instant en savourant vos bouchées au lieu de les engloutir aussi vite que possible.

Ne vous rabaissez pas

76

Vous arrive-t-il de vous rabaisser, de vous dénigrer, même en plaisantant ? Eh bien, essayez de ne pas le faire, car ce n'est pas bon pour vous. Vous devez passer en mode plus positif ; à partir d'aujourd'hui, ne vous laissez plus aller à l'autocritique. Vous pensez peut-être que c'est sans conséquence, mais les autres, ainsi que votre inconscient, finiront par croire toute mauvaise publicité que vous vous faites. Éliminez donc les déclarations négatives telles que « je ne sais pas dessiner » ou « je suis zéro en maths », ou pire encore. On entend tellement de gens dire qu'ils sont « nuls », alors que la plupart du temps ce n'est pas vrai. Adoptez une approche optimiste en disant des choses comme « je suis en train d'apprendre et c'est passionnant », ou « je gère bien mon argent une partie du temps ». On est capable de tout si on y met du cœur, et le fait de reconnaître et de croire en ses propres capacités est une sensation formidable.

La pensée du jour

BONNE RÉSOLUTION
Dès aujourd'hui, finie l'autocritique !

77 Soyez ferme

La pensée du jour

SACHEZ DIRE NON
Quand vous voulez dire non, dites-le, un point c'est tout !

Ayez constamment de l'estime pour vous-même. Votre temps et votre bonheur peuvent facilement être rongés si vous ne cessez de céder et de vous mettre en quatre pour les exigences de vos amis. C'est bien triste, mais les personnes les plus gentilles peuvent devenir d'incroyables parasites. Ne vous laissez pas contraindre par la pression qu'ils mettent sur vous ; quand vous ne voulez vraiment pas faire quelque chose, même après mûre réflexion, campez sur vos positions. Ils vous laisseront sans doute tranquille si vous leur dites quelque chose comme : « Ça m'a tout l'air de chantage émotionnel ! »

L'autre tactique, bien qu'on l'oublie souvent, est de dire non, purement et simplement. Vous vous sentirez incroyablement bien si vous ne vous laissez pas marcher sur les pieds.

Qu'est-ce que le bonheur ? 78

Comment décririez-vous le bonheur en termes de sensations physiques ? Prenez quelques instants pour y réfléchir : où et comment se manifeste-t-il ?

Votre bonheur est-il interne, dans votre diaphragme, votre ventre ou votre cœur ? Vous donne-t-il une allure différente quand vous marchez ? Est-ce un frisson sur votre peau, comme si une aile d'ange vous avait effleuré ? Il peut avoir un goût de miel dans votre bouche, ou détendre et alléger vos épaules. Pensez à la sensation qu'il vous donne.

La pensée du jour

LA SENSATION DU BONHEUR

En reconnaissant la sensation particulière que vous procure le bonheur, vous pouvez vous la remémorer et la revivre dans le présent. Cela vous aidera à apprécier le bonheur à chaque fois qu'il vous rendra visite.

79

Répétez-vous une citation utile

Lorsque les problèmes frappent à notre porte, il est tout naturel de se sentir impuissant et même vaincu. On ne voit pas d'issue aux difficultés et on craint d'être embourbé dans ces problèmes pour le restant de ses jours. Rappelez-vous seulement que vous en viendrez à bout. Faites ce que vous pouvez pour résoudre vos difficultés ; les choses finiront par s'arranger et vous goûterez à nouveau au bonheur.

Vous répéter une citation ancestrale chaque fois que votre moral est en berne renouvellera votre courage et votre optimisme et ouvrira la porte par laquelle les problèmes pourront sortir de votre vie et le bonheur y entrer à nouveau.

Il faut être deux pour s'aimer

80

Une relation épanouie ne naît pas d'un travail acharné ni d'un amour ou d'un engagement forcé. Sa réussite vient de ce qu'on met ses ressources en commun de bon gré et, souvent, de manière spontanée. C'est en donnant que l'on fait croître l'amour, et il faut que chacun y mette du sien pour que cela fonctionne.

Appréciez tout ce que vous pouvez être l'un pour l'autre, et tout ce que vous avez à donner et à partager. Suivre cette voie est une forme de bonheur aussi douce que le miel, mais jamais écœurante. Partagez généreusement votre existence et votre amour, et vous pourrez être sûr de partager du bonheur.

La pensée du jour

IL FAUT ÊTRE DEUX
Pas de relation sans réciprocité.

81 — Appréciez vos capacités

Voici une vérité que l'on oublie trop facilement : désirer la richesse matérielle ou s'en réjouir ne fait le bonheur de personne et ne le fera jamais, mais penser à toutes les autres richesses que l'on possède, ça, ça marche.

Vous êtes incroyablement riche en talent ou en sagesse et plus vous userez de ce talent, plus vous pourrez augmenter cette richesse.

Quel que soit votre âge, vous pouvez manifester un intérêt sincère et vibrant pour autrui et apprécier de pratiquer des activités, d'accomplir un travail ou d'apprendre quelque chose de nouveau. Par-dessus tout, le fait d'apprécier cette immense richesse procure un sentiment d'abondance. Aimez votre vie avec passion ! Soyez heureux de sa richesse.

Éclairez votre bonheur — 82

Il faut parfois un petit coup de pouce symbolique pour être heureux. Pourquoi ne pas vous rappeler votre bonheur en faisant quelque chose de concret? Vous pouvez par exemple éclairer votre bonheur à la lumière de chandelles. Des bougies tout autour de vous qui créent un jeu de lumière et d'ombre dans toute la pièce sont autant de petits éclats de rire silencieux dans votre soirée.

Une soirée aux chandelles a quelque chose de mystique, et crée la sensation d'être en phase avec sa propre spiritualité. La lueur des bougies possède également une simplicité qui incite au calme et au bonheur simple et méditatif. Savourez cette simplicité magique à la lueur de vos chandelles.

83   Apprenez à être heureux

La pensée du jour

RECETTE DU BONHEUR

Essayez tous les ingrédients pour être heureux au quotidien évoqués dans cet ouvrage et ajoutez-y les vôtres. Consommez sans modération et goûtez votre bonheur !

Existe-t-il un «gène du bonheur»? Il paraîtrait que oui, mais, si vous n'en avez pas hérité, pas de panique.

Comme toute capacité ou tendance émotionnelle, il est parfaitement possible d'apprivoiser l'attitude propice au bonheur; on a juste besoin de l'encourager et de s'y exercer afin qu'elle devienne une seconde nature et qu'elle nous paraisse aussi naturelle que si elle était innée.

Encadrez votre bonheur

84

Essayez d'utiliser cette image mentale très utile : « encadrez » une partie de votre vie afin de mettre en lumière son potentiel de bonheur. Tout comme encadrer une image déjà magnifique la rend encore plus belle et attire l'attention sur elle, il en va de même lorsqu'on place un cadre imaginaire autour d'un aspect de sa vie que l'on aime particulièrement, mais dont on n'a jamais vraiment remarqué ni maximalisé les possibilités.

À présent, regardez ce cadre sous tous les angles. Vous ressentirez immédiatement de l'enthousiasme, car votre créativité aura soudain de l'espace pour respirer et prendre son envol. S'ouvrir à de nouvelles idées comme celle-là est exaltant.

85 — Danse anti-coup de blues

Chaque fois que vous vous sentez un peu à plat ou même carrément démoralisé, mettez un morceau de musique rock ou pop et dansez follement. Il est mieux d'être seul pour cela, car vous pourrez alors être vous-même et chasser vos inhibitions, mais si d'autres personnes sont présentes, refusez de vous laisser intimider; elles se lèveront probablement pour faire de même, et, si elles restent assises, vous les ferez tout de même sourire, ce qui est déjà beaucoup.

Le rythme, la mélodie et l'activité frénétique combinés accéléreront votre pouls, relanceront votre circulation sanguine et stimuleront dans votre corps la synthèse d'hormones du bien-être. Dansez! L'euphorie que vous obtiendrez sera bien plus grande et bien plus saine qu'avec n'importe quel antidépresseur, et elle sera aussi plus durable.

Ne faites pas d'excès — 86

Arrêtez-vous avant l'excès, et vous défierez l'adage selon lequel rien ne dure toujours.

Résistez à la tentation de constamment vous accorder quelque chose de délicieux, que ce soit de la nourriture, des relations sexuelles, un loisir, ou tout ce à quoi vous ne pouvez tout bonnement pas résister. De cette façon, vous ne risquerez pas de voir les bons moments se faner.

Quoi que vous aimiez faire, sachez vous arrêter lorsque cela vous est encore agréable, et vous pourrez alors y revenir à un autre moment et l'apprécier pleinement à nouveau; de plus, vous aurez un mélange parfait de souvenir et d'anticipation entre-temps!

87 — Cessez de tout régenter

> Essayez de laisser les choses se faire de temps à autre. Le monde nous réserve une abondance de plaisir si seulement nous le laissons nous raconter sa propre histoire sans intervenir.
>
> **Leo E. Buscaglia**

Avez-vous l'habitude d'essayer de tout maîtriser à tout prix, de vouloir prendre le contrôle des moindres détails de votre vie et de celle des autres aussi? Franchement, rien que d'y penser est en soi fatigant, vous ne trouvez pas? Alors pourquoi ne pas simplement vous aimer et aimer vos proches, et laisser tout le reste se faire comme ça vient?

Pour vous y entraîner une première fois, choisissez un jour où vous n'avez rien d'important de prévu. Avec l'expérience, cependant, vous serez surpris de voir à quel point le monde continue de tourner, même lorsque votre emploi du temps est chargé et même si vous avez des enfants! En vous délestant de ce sentiment d'obligation de faire quelque chose, vous verrez comme il est agréable de ne pas tout régenter, et comment des choses très positives arrivent toute seules et sans aide.

Appréciez votre propre compagnie 88

Il est agréable d'être seul, parfois, non? Peut-être avez-vous oublié comme la solitude peut être appréciée, ainsi que son importance. Profitez donc des occasions de tranquillité. Décidez d'apprécier votre propre compagnie, et vous découvrirez qu'être seul peut en réalité être très agréable et plaisant; c'est aussi un moment à soi où l'on peut méditer, se détendre et reprendre des forces.

Profitez de ce moment pour faire un bilan de votre vie du moment et, si vous en avez envie, de vos rêves et de vos projets d'avenir. Vous pouvez aussi vous contenter de savourer le calme et la tranquillité. Dans un cas comme dans l'autre, être seul est une expérience merveilleuse qui régénère la joie de vivre.

89 — Ayez votre mot à dire

Il est souvent tentant de rester là à se plaindre de quelque chose et de rejeter la faute sur quelqu'un d'autre. Ne vous contentez pas de ronchonner sur ce qui ne va pas à la télévision ou en politique, mais faites quelque chose pour changer la situation aujourd'hui même.

Écrivez aux producteurs de télévision ou aux hommes politiques en question, ou encore à votre journal local ou national en leur exprimant vos sentiments et vos opinions. Cette manière d'être proactif est excellente, car elle débarrasse de la frustration et, qui sait, pourrait bien porter ses fruits, après tout!

Préférez l'action 90

Rester là à se demander ce qu'on pourrait bien faire, ou remettre à plus tard ce que l'on doit faire, peut freiner le bonheur. Se mettre à une tâche sans attendre permet de se sentir en phase et investi. S'il s'agit de quelque chose que vous devez faire, vous vous sentirez satisfait de vous-même d'avoir attaqué la tâche en question, et vous vous retrouverez probablement à y prendre bien plus de plaisir que vous ne l'auriez imaginé.

Le bonheur survient dans la plupart des domaines : le travail, le jeu ou toute autre forme d'activité. Lorsqu'on est à fond dans quelque chose, on se sent comme porté ; on voit à peine le temps passer et on se sent réellement impliqué. Après coup, on est fier de soi et très satisfait.

91 — Gym du cerveau

La tête a besoin d'exercice tout comme le corps, alors offrez à votre cerveau un entraînement régulier avec un exercice de gym du cerveau de votre choix. Essayez par exemple un sudoku ou des mots croisés.

S'essayer à ce genre d'exercice, que l'on soit débutant ou expert, est un défi agréable. Une pratique régulière assure au cerveau un bon fonctionnement et, paradoxalement, la concentration détend énormément. C'est toujours un plaisir de savoir que l'on a essayé, même si l'on n'arrive pas à terminer l'exercice en question chaque fois. Lorsque c'est le cas, bien sûr, c'est extrêmement satisfaisant, et cela procure également un bon étirement des muscles du bonheur !

Guérissez de votre procrastination

92

Devrais-je faire ceci ou plutôt cela? Vous arrive-t-il de remettre une décision à plus tard et de sauter d'une possibilité à une autre en pensée? Avez-vous également remarqué que, si vous n'arrivez pas à choisir, vous vous sentez instable et grincheux?

Lorsque cela vous arrive, il vous faut serrer les dents et prendre une décision immédiate. Faites-le, un point c'est tout ; vous verrez que ce n'est pas si terrible après tout et vous vous sentirez bien mieux. Votre bonheur reviendra car vous aurez coupé court à la procrastination et vous vous serez mis au travail. Bravo!

check-list 3 — Quels progrès ?

Que vous ayez essayé plusieurs idées ou une seule ce mois-ci, il est bon de méditer sur ce que vous avez choisi d'expérimenter et pourquoi, et de voir si cela vous a réussi.

1. Combien d'activités avez-vous essayées ce mois-ci ?
- 1–3 activités ☐
- 4–10 activités ☐
- 11–20 activités ☐
- 21–30 activités ☐

2. Combien de ces activités avez-vous renouvelées plusieurs fois au cours du mois ?
- 1–3 activités ☐
- 4–10 activités ☐
- 11–20 activités ☐
- 21–30 activités ☐

3. Quelles activités ont eu un effet positif sur votre humeur ce mois-ci ?
Utilisez la page ci-contre pour consigner ce qui vous a réussi et ce qui ne vous a pas réussi.

Notes, remarques et pensées

93 — Trouvez le bonheur dans le silencieux

> Je suis au sommet du contentement et du bonheur lorsque je pratique très activement le yoga. Cela génère une sensation merveilleuse de calme intérieur.
>
> **Gillian Anderson**

Essayez de faire un peu de yoga, c'est un exercice fabuleux. Vous pouvez pratiquer des asanas et des exercices physiques avec l'intention de vous mettre à l'écoute de l'esprit universel, ou simplement les faire pour vous détendre. Quoi que vous choisissiez, ces exercices sont incroyablement apaisants, et le calme et les mouvements lents procurent un sentiment de paix et un contentement silencieux.

Le yoga est bon pour le corps et pour la posture également, et donne un équilibre et une assurance physiques et émotionnels que l'on peut ensuite conserver dans les autres domaines de sa vie. Vous pouvez faire du yoga seul ou en groupe ; être autodidacte ou apprendre d'un professeur. Vous atteindrez un bonheur instantané et durable et obtiendrez un équilibre dans votre vie.

Graines germées 94

Pour un bonheur quotidien garanti, faites germer des graines. Vous rappelez-vous avoir fait pousser de la moutarde ou du cresson dans votre enfance? N'était-ce pas un peu magique de voir ces graines s'ouvrir et des pousses en sortir, de les regarder grandir, puis de goûter à leur piquant inimitable?

Pourquoi réserver cette expérience aux enfants? C'est une idée formidable, même pour les adultes. C'est tout aussi amusant, et vous pouvez faire germer toutes sortes de graines et de haricots pour leurs différents nutriments et les goûts dont ils regorgent.

Mettez à germer de nouvelles graines à quelques jours d'intervalle pour faire un roulement, et vous aurez une réserve continuelle de pousses magiques et délicieuses, sans compter le plaisir de les regarder pousser.

95

Levez les yeux de temps en temps

La pensée du jour

REMARQUEZ LES NUAGES

Regardez les nuages aujourd'hui. Observez-les et essayez d'identifier leurs types et leurs noms, ou contentez-vous de voir s'ils sont cotonneux, effilés, s'ils gonflent ou laissent une traîne derrière eux.

Relevez les yeux et le menton au lieu de les baisser, et ressentez la montée soudaine de bonheur que cela vous apporte.

Vous pouvez regarder les toits des immeubles, le ciel ou les montagnes qui vous entourent, si vous avez la chance d'en avoir, ou pourquoi pas simplement le plafond.

Le seul fait de faire pivoter la tête vers le haut et de lever les yeux provoque une réaction physiologique : on se sent plus léger et plus radieux. Bien entendu, s'il s'avère que la vue est magnifique, vous ressentirez une joie d'autant plus grande !

Un peu d'exercice doux

96

Réveillez votre circulation sanguine et votre bonheur en vous mettant à l'exercice doux. Vous verrez que cela aide à remonter le moral de façon significative.

Même l'exercice modéré, comme la marche, est excellent. Augmentez votre vitesse très graduellement, afin de ne pas vous froisser un muscle.

L'objectif est d'augmenter l'absorption d'oxygène en prenant de la vitesse et en respirant plus rapidement et plus profondément. N'en faites pas trop et appréciez le ralentissement qui suit; il est très agréable de sentir le sang circuler et distribuer les hormones du bien-être dans tout le corps. Vous continuerez à resplendir longtemps après.

97 — Dansez rétro!

Remontez le temps en dansant comme vous et vos amis le faisiez lorsque vous étiez adolescents. Vous pourriez bien vous retrouver à faire valser les générations avec le charleston, le twist, le swing, le ceroc ou la salsa!

Le fait d'apprendre quelque chose de nouveau, les différents rythmes et les rires déclenchés par les erreurs dans les pas contribueront tous à votre bien-être, sans compter la joie des vieux souvenirs qui ressurgissent à l'écoute des morceaux. Amusez-vous follement à danser avec toute la famille.

Bonheur instantané

DANSEZ AVEC UN ENFANT

Juste pour vous amuser, dansez aujourd'hui avec un enfant; votre enfant, ou celui d'un ami ou d'un parent. Vous donnerez plein de joie et de plaisir autour de vous, car les enfants adorent voir les adultes se comporter de manière enjouée et légère.

Regardez les étoiles

98

La prochaine fois que le ciel nocturne sera dégagé, allez dehors et regardez-le. Laissez-vous impressionner par sa beauté et son infinité. Voyez combien de constellations vous arrivez à identifier. Si vous ne connaissez pas leurs noms, amusez-vous simplement à voir des images ou des motifs dans les amas d'étoiles, et donnez-leur vous-même des noms.

Cette activité éveillera peut-être votre intérêt pour le zodiaque et l'astronomie. Qui sait, un de ces jours, vous pourriez bien voyager dans l'espace, et peut-être une autre planète habitable sera-t-elle découverte de votre vivant. Le mystère et la beauté mettront votre vie en perspective, et la joie de faire partie de notre univers si extraordinaire envahira tout votre corps.

99 — Votre ami l'appétit

La pensée du jour

ÉCOUTEZ VOTRE CORPS

Aujourd'hui, ne mangez que quand vous avez faim. Ne vous souciez pas de votre montre.

Mangez en fonction de votre corps et de votre style de vie. Le meilleur moyen est de faire de votre appétit un allié, et de l'écouter attentivement. Prêtez attention à vos besoins énergétiques et à ce que vous digérez confortablement.

Aimez-vous prendre un ou deux repas copieux par jour, ou préférez-vous picorer plusieurs petits repas? Êtes-vous du genre à équilibrer l'apport et la dépense de calories en les additionnant au fur et à mesure, ou préférez-vous simplement manger sainement et ajuster vos quantités si vos vêtements vous serrent un peu ou si vos pantalons commencent à tomber légèrement? Prêter attention à ce qui est bon pour soi procure beaucoup de bien-être et aide à construire une personnalité plus heureuse.

Ne vous acharnez pas sur une porte

100

Voyez une porte fermée non comme un rejet, mais comme le potentiel pour une autre porte bien meilleure et qui vous convient mieux.

Si l'on vous ferme une porte au nez, ne vous entêtez pas à frapper encore et encore, et ne sombrez pas dans un gouffre de désespoir.

Poursuivez votre existence et savourez tout ce que vous y trouverez de bon. Ce faisant, explorez des avenues, des personnes et des possibilités nouvelles. Si vous avez foi en votre idée de départ, voyez comment la faire entrer par d'autres portes et d'autres voies. D'un autre côté, peut-être est-il temps de passer à autre chose et de travailler sur un projet totalement différent, pour changer.

Bonheur instantané

UN MANTRA POSITIF

« Avancer et s'envoler » peut être une très bonne formule pour le bonheur.

101 Apprenez un poème par cœur

Lorsqu'un poème résonne en vous, apprenez-le par cœur afin de garder sa magie à portée de main. Lisez beaucoup de poésie d'horizons aussi divers que vous le souhaiterez, des poètes modernes et récents aux classiques qui vous tiennent particulièrement à cœur.

Lorsqu'on se sent en phase avec le sentiment qu'exprime un poème, c'est un moment véritablement édifiant, et c'est un signe que c'est celui-là que vous devez apprendre!

Mémoriser les mots est satisfaisant en soi et fixe la signification du poème dans l'esprit, si bien qu'on peut revivre le plaisir qu'il nous a procuré à tout moment de notre choix.

102 — Fréquentez des gens heureux

Mêlez-vous autant que possible à des gens heureux et enjoués. Qu'ils soient calmes ou exubérants, ils auront tous en commun une attitude positive, et leur allégresse encouragera la vôtre. Vous vous sentirez bien avec eux et après les avoir vus également. Leur joie de vivre ne pourra que vous faire du bien, alors laissez-la vous inspirer.

103 — Étreignez à tour de bras

Étreignez plus de gens, plus souvent, avec amour, compassion et empathie. Étreignez pour accueillir et pour quitter. Étreignez pour partager des joies ou des peines. Quand on perd les inhibitions qui nous retiennent de toucher les autres, on se sent plus libre, plus avenant et plus expressif. Mais surtout, étreignez pour le plaisir que procure l'étreinte.

104 — Contentez-vous d'écouter

Si vous recherchez un sentiment de contentement, mettez-vous à l'écoute de votre sagesse intérieure. Écoutez le bruit de votre être intérieur. Prenez quelques instants pour décompresser et écouter. Écouter quoi au juste? C'est à vous de voir comment le définir : peut-être diriez-vous que vous écoutez votre intuition, votre détente, Dieu, ou encore l'esprit universel et l'énergie qui circule dans notre monde.

Il vous viendra peut-être à l'esprit une pensée qui fera la lumière sur un problème ou qui vous inspirera de quelque manière; vous pouvez aussi simplement profiter des bienfaits de cette détente profonde. C'est une sensation extraordinaire.

Allez au bord de la mer

105

Prenez un jour de congé imprévu et allez en bord de mer admirer la beauté de la côte et des vagues. Savourez cette beauté et ce grand air revigorant. Délectez-vous de l'odeur merveilleuse et de la fraîcheur de l'air marin. Amusez-vous à barboter au bord de l'eau ou à vous baigner, et régalez-vous de la délicieuse sensation que procure l'enfoncement de vos orteils dans le sable.

Écrivez votre nom dans le sable ou faites un château de sable. Ensuite, promenez-vous ou courez sur la plage le long du rivage. Ramassez des morceaux de bois flotté ou de verre poli par la mer aux formes particulières. En été, profitez du soleil et de la chaleur bienfaisante et, en hiver, emmitouflez-vous dans un pull moelleux et laissez l'air vivifiant vous revigorer.

Bonheur instantané

TRÉSORS DE BORD DE MER

De retour à la maison, disposez les petits objets que vous aurez ramassés dans une coupelle sur votre bureau. Chaque fois que vous les regarderez, vous vous rappellerez votre excursion surprise au bord de la mer.

106 *Réagissez*

Bonheur instantané

JE M'EN REMETTRAI !

N'oubliez pas que chaque jour de la vie a ses hauts et ses bas. Pensez à cette devise franche mais énergisante : « Je m'en remettrai ! », et vous vous sentirez plus fort et plus heureux.

Soyez réactif lorsque les choses changent, et vous garderez votre élan de bonheur. Quand la vie ne va pas exactement comme vous le souhaiteriez, ne vous laissez pas abattre et ne perdez pas votre temps et votre énergie à vous tracasser.

Résister et se plaindre ne fait que miner le moral et n'avance à rien. Réfléchissez plutôt au meilleur moyen d'adapter vos projets et de tirer le meilleur de la situation ainsi ajustée. Associée à une bonne volonté et à un enthousiasme assidus, votre nouvelle spontanéité transformera la façon dont vous abordez les hauts et les bas de votre journée.

L'artiste de votre vie 107

Comme un très beau tableau, vous êtes une œuvre en construction, mais aussi l'artiste de votre vie, alors concevez votre œuvre avec amour chaque jour. Revêtez-la des couleurs que vous aimez et faites-la exactement à l'image de ce que vous voulez.

Aimez le travail que vous faites et aimez être cet artiste au cœur de votre vie. Cela prend parfois une vie entière pour trouver et adopter un style qui soit exactement celui qui convienne et qui dépeigne votre véritable personnalité. À mesure que vous changez et que vous mûrissez, jouez avec chaque style qui apparaît en vous. Appréciez les découvertes, les inspirations et les satisfactions qui jonchent votre chemin.

108 — Imaginez que vous êtes un ange

> **Bonheur instantané**
>
> **VISUALISATION DE VOL**
>
> Fermez les yeux et asseyez-vous dans un endroit calme. Allez au plus profond de vous-même et «devenez» un oiseau en vol. Visualisez tous les détails avec autant d'exactitude que possible. Vous vous sentirez libéré.

Cela peut sembler un peu fou, mais essayez d'imaginer que vous êtes un ange. Comment pouvez-vous éclairer votre vie et celle des autres? Que pouvez-vous faire pour vous protéger de leur regard critique et du vôtre, ainsi que de la dépression?

Comme un ange, prenez-vous à la légère afin de pouvoir voler. Sentez et répandez le bonheur là où vous le pouvez. Délestez-vous du poids de la tristesse et de la fatalité, et laissez la bonne humeur vous soulever et vous transporter comme une plume. C'est une sensation incroyablement agréable.

Appréciez l'âge que vous avez

109

Aimez l'âge que vous avez, de tout votre cœur et de toute votre énergie ; ainsi, vous ne risquerez pas de regretter de vieillir, car le moment présent vous semblera toujours être le meilleur moment que vous ayez jamais vécu.

Ne gâchez pas l'occasion d'être heureux en éprouvant de l'amertume face aux aspects négatifs. Cherchez et aimez les bonnes choses de votre existence. Chaque jour de votre vie déborde de chances de vous amuser. Saisissez-les !

Bonheur instantané

« J'ADORE MON ÂGE »

Dites : « J'adore avoir 20, 30, 60, 80… ans », et vous verrez que finirez par véritablement adorer votre âge.

110 — Choyez votre chez-vous

La pensée du jour

IDÉES DE CADEAUX POUR LA MAISON

1. Un coussin tout neuf.
2. Un réagencement des meubles.
3. Un joli vase de fleurs.
4. Un nouveau tableau à accrocher au mur.
5. Un pot décoratif trouvé dans une brocante.
6. Un jeté de canapé coloré que vous aurez confectionné.

Faites quelque chose qui fera plaisir à votre maison et à vous-même. Offrez-lui un beau cadeau aujourd'hui. Vous pouvez tout simplement procéder à un nettoyage de printemps soigneux ou acheter un accessoire qui mettra vraiment une pièce en valeur et vous fera plaisir, à vous et à autrui.

La maison ressent notre joie de vivre et, lorsqu'on a de l'affection pour elle, elle nous le rend bien. Sentez cette réciprocité et savourez votre cocon chaleureux.

Comprenez les comportements

111

Lorsque quelqu'un se montre difficile ou de mauvaise humeur, essayez de comprendre pourquoi il se comporte ainsi. Cela vous aidera à ne pas « attraper » sa négativité ; vous gérerez mieux l'attitude de cette personne et garderez votre équilibre.

Peut-être auriez-vous, dans les mêmes circonstances, agi exactement de la même façon. Comprendre permet de pardonner et de vivre soi-même avec amour, espoir, bonté et inspiration.

On ne peut pas comprendre les autres à moins de se mettre à leur place.

Anonyme

112 — Ai-je l'air en colère ?

Bonheur instantané

RIEZ DE VOUS-MÊME

Riez de vous-même lorsque vous vous sentez bougon ou suffisant. En un instant, vous serez soulagé et capable de relativiser.

Lorsque quelqu'un vous froisse et que vous sentez la colère et le ton monter, demandez-vous : « Ai-je l'air en colère ? » Cela vous fera rire et désamorcera votre colère.

Parfois, bien sûr, la colère est justifiée, mais lorsqu'elle ne l'est vraiment pas, rire de soi-même est le moyen le plus rapide de cesser de prendre un ton pompeux.

En sentant la colère s'éventer, vous vous direz : « Ah, ça va mieux.! » Le bonheur est très souvent le résultat d'un refus de se prendre au sérieux.

Prélassez-vous dans un bain chaud — 113

L'astuce pour le bonheur la plus citée par la plupart des gens est de prendre un long bain bien chaud ; c'est en effet un petit extra qui procure un immense bien-être. La chaleur, la douceur satinée de l'eau, la sensation de se purifier contribuent toutes à procurer un sentiment voluptueux de pur plaisir.

Même si un bain chaud tout simple est extrêmement agréable, n'hésitez pas à en rajouter avec quelques accessoires qui intensifieront l'expérience. Essayez des bougies, des huiles parfumées, une délicieuse boisson ou votre magasine préféré.

114 « Tu as raison, j'ai tort. »

La pensée du jour

Comment voyez-vous les choses ?

Aujourd'hui, essayez de garder l'esprit ouvert. Cela vous permettra d'être courageux, libre et heureux.

Faire preuve d'un impitoyable dogmatisme risque de vous rendre grognon et de taper sur les nerfs des malheureux qui vous entourent, si patients soient-ils. Découvrez l'effet élévateur d'une attitude différente consistant à écouter d'autres opinions, à examiner les faits et à avoir le courage de dire : « Mais, tu as raison, je me suis trompé ! » est plus constructif.

Parfois, bien sûr, vous garderez votre opinion, mais soyez prêt à regarder le problème sous tous les angles et à vous faire un avis à la lumière des nouvelles perspectives qui s'offrent à vous.

Commencez une collection | 115

Collectionner quelque chose qui plaît vraiment est une source passionnante de bonheur durable.

Commencez une collection d'objets que vous aimez regarder et que vous trouvez intéressants. Il est enivrant de chercher et de trouver de nouvelles pièces, et, chaque fois que vous regarderez votre collection, vous pourrez revivre le « frisson de la chasse »; vous ressentirez à nouveau la joie de l'acquisition, et votre satisfaction grandira en même temps que votre collection.

Vous pouvez aussi trouver beaucoup de plaisir à contacter d'autres collectionneurs. De nombreux thèmes ont leur propre association ou club, qui oragnise des rencontres et des discussions régulières.

116 — Habillez-vous pour vous sentir bien

Portez des vêtements dans lesquels vous vous sentez bien. Votre tenue reflète votre personnalité, alors efforcez-vous d'exprimer les meilleurs aspects de vous-même. Choisir des vêtements que vous aimez est un plaisir en soi, et montre également que vous vous sentez bien dans votre peau.

Portez des vêtements qui vous plaisent pour leur confort, leur côté pratique, leur couleur, leur style ou leur coupe : à vous de voir. Vous choisirez peut-être le même style tous les jours, ou pourquoi pas quelque chose de totalement différent. La règle d'or numéro un est celle-ci : quoi que vous portiez, vous devez vous y sentir formidablement bien.

Restez en contact

117

Créez le sentiment merveilleux d'être en contact avec une personne que vous aimez et qui n'est plus, en continuant à partager les hauts et les bas de votre vie avec elle dans votre tête.

Vous pouvez lui dire ce que vous pensez et deviner ce qu'elle vous répondrait. Imaginez-vous que vous lui téléphonez pour lui faire part d'un heureux évènement, ou pour lui donner des nouvelles de parents ou d'amis communs.

Parler dans sa tête à des personnes qui nous sont chères et qui ne sont plus de ce monde est un excellent moyen de garder en vie les bons souvenirs que l'on a d'elles, et ce peut être une expérience très réconfortante.

118 — Apprenez quelque chose

Lorsque vous avez des difficultés à faire quelque chose, admettez-le et tirez-en des leçons, même si votre moral n'est plus au beau fixe. Admettre que l'on est contrarié aide à s'en remettre, et l'expérience malheureuse vous fera voir par contraste comme il est bon de revenir au contentement quotidien et de passer d'excellents moments.

119 — Marchez pieds nus

Pourquoi ne pas marcher pieds nus? À la maison, vous vous sentirez chez vous et heureux. Dehors, être en contact direct avec la nature est très sain, et, sur l'herbe ou la plage, c'est une sensation merveilleuse. Notez la différence entre le sable sec et mou et le sable mouillé, plus ferme, et sentez comme c'est agréable.

Apprenez à dire « pas encore » — 120

Adoptez l'expression « pas encore ». Il est courant de se dire que l'on ne réalisera jamais telle ou telle ambition ou qu'un rêve ne deviendra jamais réalité. Si vous pensez de cette manière, alors oui, vous pouvez être certain que rien ne se passera. En revanche, si vous dites que vous ne l'avez « pas encore » fait, vous gardez toutes vos chances. Suggérer que cela pourrait arriver vous encouragera à penser différemment aux façons de le réaliser.

Bien sûr, si l'idée en question est absolument impossible à réaliser, ajouter « encore » à « pas » vous fera rire. Dans les deux cas, c'est une expression très positive ! Désormais, lorsque vous dites : « Mon rêve ne s'est pas réalisé », insérez ce petit « encore », et vous sentirez un picotement de plaisir.

121 Montrez que vous tenez à lui/elle

Montrez à la personne qui partage votre vie que vous tenez à elle, et appréciez de sentir qu'elle tient aussi à vous. Il est courant, lorsqu'on est en couple, de mener des existences si indépendantes que l'on en perd presque le contact et que l'on oublie de dire à l'autre à quel point on tient à lui. Pourtant, c'est essentiel à l'intimité et à la complicité.

Pas besoin de faire de grands discours ; vous pouvez montrer à quelqu'un qu'il compte pour vous de mille manières différentes. Il s'agit de reconnaître avec tendresse sa place dans votre vie et de faire grand cas de sa présence. Il est doux de s'apprécier mutuellement et de le montrer.

Visitez de vieilles églises — 122

Quelle que soit votre religion, visitez de vieilles églises. On dit que, là où un culte a été pratiqué pendant de nombreuses années, l'énergie est très forte. Vous ressentirez sans aucun doute une paix profonde dans beaucoup d'anciens lieux de prière.

Qui plus est, la plupart des églises sont incroyablement belles, car la plus petite chapelle et la cathédrale la plus grandiose ont été crées avec la même dévotions. Appréciez la beauté, l'intemporalité et le fait de pouvoir être témoin de la quête éternelle d'un « autre » monde. Regardez. Admirez. Asseyez-vous. Savourez la paix. C'est un bonheur hors du temps.

check-list 4

Quels progrès ?

Que vous ayez essayé plusieurs idées ou une seule ce mois-ci, il est bon de méditer sur ce que vous avez choisi d'expérimenter et pourquoi, et de voir si cela vous a réussi.

1. Combien d'activités avez-vous essayées ce mois-ci ?
- 1–3 activités ☐
- 4–10 activités ☐
- 11–20 activités ☐
- 21–30 activités ☐

2. Combien de ces activités avez-vous renouvelées plusieurs fois au cours du mois ?
- 1–3 activités ☐
- 4–10 activités ☐
- 11–20 activités ☐
- 21–30 activités ☐

3. Quelles activités ont eu un effet positif sur votre humeur ce mois-ci ?

Utilisez la page ci-contre pour consigner ce qui vous a réussi et ce qui ne vous a pas réussi.

Notes, remarques et pensées

123

Offrez-vous une petite douceur

Bonheur instantané

DES DESSERTS À ESSAYER
- Tarte aux fraises
- Tarte aux noix de pécan
- Banana split
- Brownies
- Gâteau au fromage blanc
- Moelleux au chocolat
- Gâteau renversé aux ananas
- Omelette norvégienne
- Pain perdu

Si vous avez envie de changer un peu, essayez un dessert après le plat principal ; c'est une voie sûre vers un peu de bonheur. Une touche sucrée permet de finir un repas en beauté, et, en cette époque de repas à plat unique, c'est un plaisir que vous pouvez vous offrir à vous-même et à ceux pour qui vous cuisinez.

C'est un geste délicat envers autrui, qui montre que vous aimez faire un petit effort. Même les gens qui disent ne pas aimer les desserts ont leur préféré.

Un succulent dessert est une manière simple de vous procurer, à vous et à ceux que vous aimez, une dose de pur plaisir supplémentaire. Sortez de l'ordinaire et servez un dessert surprise aujourd'hui.

Endossez un nouveau rôle 124

Vous vous sentez prisonnier d'un certain rôle? Pourquoi ne pas le redéfinir ou endosser un tout nouveau rôle? Cela vous aidera à raviver votre bonheur. Par exemple, vous pouvez changer de place avec quelqu'un d'autre ou vous inventer un rôle totalement nouveau.

Ce peut être au sein de votre communauté locale, au bureau ou avec vos amis, partout où la perception que les autres ont de vous a perdu de son charme et où vous ne vous sentez plus apprécié ni même remarqué.

Chamboulez tout et jouez un autre rôle. Vous montrerez un aspects différents de vous-même et brillerez d'un éclat certain à la lumière de l'attention nouvelle qui vous sera portée.

125 | N'ayez pas peur du deuil

La pensée du jour

FAITES VOTRE DEUIL

Le deuil est nécessaire, car il ouvre la porte au bonheur qui revient.

Si vous avez récemment perdu quelqu'un, n'ayez pas peur de pleurer. Lorsqu'on subit la perte d'un être cher, il faut exprimer ses sentiments. Même si ce deuil fait souffrir de façon parfois atroce, laisser le chagrin sortir et s'exprimer est très réconfortant.

Libérer ses émotions mobilise moins d'énergie que de les réprimer ; ainsi, vous ne vous épuiserez pas. Lorsqu'on refoule ses sentiments depuis un petit moment, c'est un grand soulagement que de se laisser aller à les exprimer et de suivre son besoin de deuil.

Partez à la chasse au trésor

126

Avez-vous déjà essayé une chasse au trésor? C'est une activité passionnante, et pas seulement pour les enfants. Pourquoi ne pas en trouver une et vous y inscrire, ou même en organiser une vous-même, et savourer l'ivresse de la poursuite?

Si le cœur vous en dit, préparez et organisez votre propre chasse au trésor; vous verrez qu'il sera très amusant et très satisfaisant pour vous d'imaginer des indices et de regarder les gens essayer de les décrypter.

Usez de votre imagination, de votre logique et de votre capacité à lire une carte pour tracer un itinéraire qui soit intéressant et stimulant. Vous serez totalement absorbé par cette passionnante course aux énigmes.

> **Bonheur instantané**
>
> LIBÉREZ LE POÈTE QUI EST EN VOUS!
>
> Si vous vous sentez l'âme d'un poète en organisant la chasse au trésor, écrivez donc des indices subtils en vers.

127 — Soyez fier de vos talents

Bonheur instantané

PASSEZ VOS TALENTS EN REVUE

Êtes-vous pragmatique, créatif, sensible, doué pour les études, intellectuel, intuitif, spirituel ou scientifique ? Aujourd'hui, félicitez-vous des talents qui sont les vôtres.

Il est temps de vous sentir fier de votre intelligence naturelle. Chaque fois que vous dites quelque chose comme « je suis bête », ou « je suis nul », vous dénigrez votre véritable talent et sapez peu à peu votre amour-propre.

Vous possédez en réalité un cerveau extrêmement complexe, qui vous offre un large éventail d'intelligences de nature différente. Vous pouvez en améliorer le fonctionnement dans tous les domaines si vous le voulez vraiment.

Le plus important, cependant, est de reconnaître et de maximiser vos talents particuliers. Avez-vous le don de bien vous entendre avec les gens ? Êtes-vous pragmatique, créatif, sensible, doué pour les études, intellectuel, intuitif, spirituel ou scientifique ? Réjouissez-vous et usez de vos talents personnels aussi pleinement que possible.

Lisez un magazine

128

Asseyez-vous pour une pause de pur réconfort, une boisson chaude d'une main et votre magazine préféré de l'autre. Allez-y, faites-vous plaisir! C'est un bon moyen de suivre une activité à laquelle vous vous intéressez et de rester au fait des dernières modes et tendances.

Il est agréable de faire partie d'un lectorat et d'apprendre à connaître les auteurs de chroniques. Lire des articles sur quelque chose que vous aimez et écrits dans un style attractif est une recette dont le résultat vous plaira à coup sûr. Lovez-vous dans un fauteuil avec un magazine que vous aimez, et ce sera un moment de plaisir garanti.

129 — Agissez de bon cœur

> *Bonheur instantané*
>
> **PO-SI-TI-VEZ !**
>
> Aujourd'hui, faites ce que vous avez à faire avec une attitude positive, et vous serez surpris de voir combien vous y prendrez goût.

Quand vous devez faire quelque chose qui vous rebute, au lieu de redouter la tâche en question et de vous en plaindre, essayez de la faire de bon cœur. Tout comme l'appétit vient en mangeant, c'est en décidant de faire quelque chose de bon gré que l'on commence à l'apprécier. Dites-vous que cela ne sera qu'un court instant dans une vie entière, et que cela en vaudra largement la peine.

Un travail bien fait procure une grande satisfaction. Travailler avec cet objectif final en tête tout en appréciant le processus lui-même, et non seulement le résultat, procure un bien-être certain et contribue au bonheur.

Dites-le avec des fleurs

130

Pourquoi ne pas vous faire plaisir avec des fleurs coupées que vous disposerez en joli bouquet ? Même si vous n'avez pas d'expérience dans le domaine floral, une jolie composition, avec l'aide de verdure et de mousse florale, est très facile, créative et amusante à réaliser. Vous serez étonné de la satisfaction qu'elle procure.

Placez votre composition à un endroit bien en vue et, regardez-la le plus souvent possible ; savourez le plaisir qu'elle vous procure. Une jolie composition constituera un point central pour votre maison et votre bonheur. Une autre idée consiste à créer un joli bouquet que vous ficellerez avec un ruban assorti, et que vous offrirez à quelqu'un qui vous est cher.

Bonheur instantané

TRAVAILLEZ VOS COULEURS

Aujourd'hui, prenez votre vase préféré et mettez-y une sélection de fleurs et de feuilles qui mettent en valeur les couleurs du vase. Vous pouvez aussi cueillir des fleurs qui se marient bien avec votre décoration intérieure.

131 Attention aux réactions exagérées

Si vous trouvez une situation louche, soyez vigilant, mais faites attention à ne pas en faire une obsession en imaginant le pire alors que ce n'est pas nécessaire.

Réfléchissez à la cause et aux faits liés à cette situation de manière logique, et lâchez prise si tout cela ne vous semble pas fondé. Si ça l'est, prenez les mesures nécessaires mais, là encore, sortez tout cela de votre tête. Si vous n'y parvenez toujours pas, confiez-vous à quelqu'un de raisonnable et de stable, qui vous dira si vous faites preuve de paranoïa.

Vérifier si votre réaction face à un soupçon est exagérée vous libèrera et vous soulagera en vous permettant d'agir avec logique et dynamisme si nécessaire, et de préserver votre bonheur intérieur.

Le bonheur est dans le pré 132

La beauté enivrante et la perfection de la plus simple fleur des champs vous transportera au paradis si vous prenez un instant pour la regarder et vous laisser charmer. Chaque fleur et chaque animal renferment une joie pour tous et en tout temps. Quel trésor! Quel bonheur! Quelle chance nous avons!

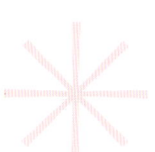

Brûlez de l'encens 133

Brûlez un bâtonnet d'encens et vous vous sentirez heureux et en paix, peut-être même en harmonie avec l'univers. L'encens est souvent utilisé dans les religions comme aide à la prière et pour créer une atmosphère paisible. Certains parfums ont des propriétés thérapeutiques, et le rituel en lui-même procure le bonheur de l'instant.

134 | *Affrontez les éléments*

Lorsque le temps est mauvais, on s'habille chaudement et on le supporte du mieux qu'on peut. Ayez la même attitude lorsque le destin vous chahute et joue avec vos émotions. Passez en mode survie et réfléchissez au meilleur moyen d'utiliser au mieux les circonstances données pour vous et pour toute personne impliquée.

Que vous preniez la situation en main ou que vous offriez votre soutien à quelqu'un, détendez-vous et réjouissez-vous de savoir que vous tenez le cap en bravant les éléments. Dans une situation orageuse, gardez un esprit calme et envisagez avec lucidité et fermeté les meilleures mesures à prendre.

*Le vent souffle à tribord
et le vent souffle à bâbord,
mais c'est la position des voiles,
et non la direction du vent,
qui dicte le chemin.*

Tennyson

Rendez visite à quelqu'un — 135

Pourquoi ne pas prendre l'habitude de rendre visite à une personne âgée ou invalide de votre voisinage chaque semaine? Vous serez le rayon de soleil de sa journée, et elle sera sans doute ravie de votre compagnie durant le temps que vous aurez à lui consacrer.

Voir quelqu'un régulièrement fait que l'on apprend à se connaître plus rapidement et peut installer une agréable complicité entre vous, qui sera bénéfique à tout le monde.

Devenez ami(e) avec quelqu'un qui appréciera vos visites et la relation qui s'ensuivra entre vous.

La pensée du jour

BESOIN D'UNE EXCUSE?

N'ayez pas peur de rendre visite à quelqu'un sans raison; mais, si vous avez besoin d'une excuse, pourquoi ne pas lui proposer de faire ses courses ou de nettoyer son jardin?

136

Au masculin comme au féminin

Du moment que vous êtes relativement satisfait d'être un homme ou une femme, transformez votre aprobation en réel enthousiasme. Si vous êtes une femme, par exemple, soyez contente de votre féminité et savourez-la sans réserve.

Que vous aimiez être coquette ou plus masculine, laissez transparaître votre confiance en vous. Les autres se sentiront bien en votre présence, et vous aussi.

Enlevez votre montre   137

Si vous n'avez pas de rendez-vous importants aujourd'hui, enlevez votre montre et libérez-vous des contraintes horaires. Savourez cette sensation d'intemporalité. Lorsqu'on porte une montre, on a tendance à regarder l'heure sans arrêt et à vérifier le temps que l'on passe à faire les choses, ce qui a pour conséquence de restreindre notre liberté.

Sans montre, le temps s'écoule comme d'habitude durant la journée, mais on peut le gérer naturellement. On mange quand on a faim, on sort quand on en a envie, on passe autant de temps que l'on souhaite sur un projet, et on va se coucher quand on est fatigué. Le rêve !

> *Le bonheur peut arriver tout seul et sans qu'on l'attende ; ne le cherchez pas trop désespérément. Détendez-vous et il apparaîtra.*
>
> **David Baird**

138 — Aimez votre corps

Appréciez et aimez votre corps autant que possible. Ne le faites pas de manière narcissique, mais pour le plaisir de vous émerveiller et de l'admirer. Votre corps n'est-il pas la plus incroyable des constructions? C'est un logement complexe et ingénieux, où chaque cellule a sa place et sa fonction légitime.

Remerciez votre corps pour chaque partie de vous, et prenez-en bien soin. Avec votre esprit et votre âme, c'est votre capital le plus précieux, et c'est aussi une mine de plaisirs. Ne cessez jamais de vous émerveiller ni d'être reconnaissant de son extraordinaire complexité et de sa conception géniale.

Faites une collection naturelle

139

Vous rappelez-vous les promenades de votre enfance, lors desquelles vous ramassiez des feuilles ou des fleurs ? Vous vous amusiez sans doute à en faire une collection soigneusement arrangée que vous exposiez à la maison.

Pourquoi ne pas essayer de recréer cette atmosphère ? Comme un enfant lors d'une promenade au parc ou dans la campagne, ramassez tous les objets qui vous plaisent : des pommes de pin, un morceau de bois qui présente un aspect intéressant, un joli galet, des glands, des brindilles ou des feuilles.

Une fois chez vous, disposez-les dans une boîte ou dans un herbier, ou faites-en un mobile, le tout étant qu'ils soient mis en valeur. Leur vue vous rappellera votre promenade, et vous aurez également une œuvre d'art unique pour décorer votre intérieur.

Bonheur instantané

UN JOURNAL TRÈS NATURE

N'oubliez pas de faire profiter votre journal intime de ces trésors naturels. Faites sécher des feuilles et des fleurs que vous collerez ensuite dans votre journal.

140 — Élaguez votre garde-robe

> **La pensée du jour**
>
> **FAITES LES BRADERIES**
> Si vous avez des vêtements que vous n'aimez pas, peut-être que quelqu'un d'autre les aimera, et vous pouviez donner l'argent que vous récolterez à une œuvre de bienfaisance. Ne vous sentez-vous pas déjà beaucoup mieux ?

Prenez le temps de faire le tri dans vos vêtements. Donnez tout ce que vous n'avez pas porté depuis un ou deux ans, et tout ce que vous ne porterez jamais. Vous avez peut-être acheté quelques vêtements sur un coup de tête ou lors des soldes, en pensant faire une bonne affaire ; avec le temps, vous vous êtes rendu compte que c'était une erreur. Mieux vaut avoir quelques vêtements que l'on aime et dans lesquels on se sent bien que des tonnes de vêtements que l'on ne porte jamais. Ce tri aura pour résultat de faire apparaître les besoins réels de votre garde-robe. Vous vous sentirez chic et organisé, et le sentiment d'être débarrassé des vêtements superflus sera très libérateur.

Faire le tri dans votre garde-robe vous fera remettre en question la place et l'importance de tel ou tel vêtement, et la nécessité ou non de le garder.

Retenez vos commentaires acerbes

Une conversation est agréable quand les interlocuteurs ne sont pas prêts à mordre et que l'atmosphère est détendue. Résistez à la tentation de faire des remarques malveillantes ou acerbes, et n'en acceptez pas non plus de la part d'autrui. Si vous sentez qu'un commentaire déplacé s'apprête à sortir de votre bouche, ravalez-le illico.

Retenez les paroles déplaisantes avant qu'elles n'aient l'occasion de s'échapper. Pesez la méchanceté de vos propres paroles, et neutralisez les propos blessants d'autrui en les ignorant totalement. Vous n'avez rien entendu, n'est-ce pas? Vous avez dû mal comprendre, pourquoi quelqu'un voudrait-il vous blesser, après tout?

142 — Faites votre pain

Bonheur instantané

L'ODEUR DU PAIN CHAUD

L'odeur que dégage le pain sorti du four est incomparable. Ensuite vient le goût délicieux…

Essayez donc de faire du pain maison, et vous verrez que ce n'est que du bonheur. Toute la préparation vous procurera un bien-être certain, physiquement et émotionnellement, et vous serez surpris de voir à quel point c'est facile et rapide à faire.

Réunir tous les ingrédients et préparer tous les ustensiles est apaisant et par agréable anticipation. Travailler la pâte est une activité délicieusement sensuelle, et, avec un peu de pratique, on apprécie de remarquer la sensation unique que donne la fermantation du gluten, quand la pâte commence à gonfler. Une levée lente permet de ralentir l'allure, tandis qu'une levée rapide est passionnante à observer.

Concentrez-vous et avancez — 143

Se concentrer sur ce que l'on veut faire, par exemple dans sa carrière, est difficile si l'on n'est pas sûr des choix que l'on a. Au lieu de tourner en rond, essayez plutôt de mettre l'accent sur ce que vous ne voulez pas faire.

La façon d'organiser votre vie et d'avancer de nouveau de manière heureuse et décidée vous apparaîtra soudainement bien plus claire et bien plus simple.

144 — Plaisir glacé

Vous rappelez-vous comme les glaces étaient bonnes quand vous étiez petit? Elles vous procuraient tant de joie… Il est temps d'apprécier de nouveau leur goût délicieux, même si vous avez bien grandi. Repensez à votre parfum préféré et replongez-vous dans ses délices.

Peut-être étiez-vous adepte de cônes achetés sur la plage ou de glaces à l'italienne ; recréez cette expérience et savourez votre glace avec une joie et un enthousiasme d'enfant. Quel que soit votre âge, vous vous sentirez jeune et joyeux.

Faites-vous des compliments

145

Employez l'éloge et les propos d'encouragement pour vous guider vers l'avant. Cessez toutes réprimandes envers vous-même et toute autocritique trop sévère. Dites-vous : « Allez, je peux faire ça ! », ou : « Courage, je suis fort et j'en suis capable. »

Faites-vous des compliments non pas pour vous exempter d'efforts, mais pour vous remettre sur les rails. Restez-y et atteignez votre destination. Usez et abusez des carottes que sont les compliments et les encouragements, plutôt que des bâtons de désapprobation pour vous autoflageller.

La pensée du jour

ENCOURAGEZ-VOUS !

Soyez qui vous voulez être et allez là où vous voulez aller.

146 — Écoutez de la musique triste

Parfois, la musique la plus triste est aussi la plus joyeuse. Pourquoi ne pas essayer d'écouter un morceau douloureusement triste et magnifiquement lancinant? Ce peut être du blues, de la musique pop, folk ou classique; tout ce que vous êtes d'humeur à écouter.

La musique mélancolique vous rappellera que vous avez un cœur capable de ressentir la souffrance et la tristesse, mais aussi la joie et l'amour tout au fond de vous.

Au cœur du blues se trouve non pas la mélancolie, mais une joie étrange et absolue.

Ian McEwan

Un fauteuil rien qu'à vous

147

Un fauteuil de prédilection est l'endroit idéal où se détendre et refaire le monde. Choisissez un siège que vous aimez vraiment et faites-en votre fauteuil attitré. Peut-être l'aimerez-vous pour son confort ou ses lignes épurées, ou encore pour son grand âge. Vous pouvez choisir un fauteuil qui vous est cher pour une raison ou pour une autre; un fauteuil ayant appartenu à votre père ou à votre mère, par exemple.

Vous passerez, au cours de votre vie, une bonne partie de votre temps chez vous, et le fait de pouvoir profiter de votre fauteuil bien-aimé rendra ces moments encore plus satisfaisants.

La pensée du jour

PLACE RÉSERVÉE

Afin de le faire vraiment vôtre, laissez-y vos affaires, comme un livre, des lettres, un magazine, un vieux pull ou votre tricot.

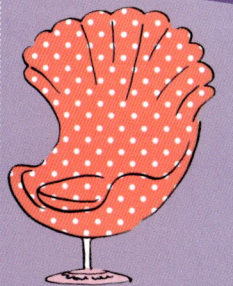

148 — Accueillez ce nouveau jour

Chaque matin, en vous réveillant, accueillez chaleureusement le jour qui se lève. Montrer son appréciation permet de sentir que l'on fait partie du monde, et de commencer la journée dans un esprit de joie et d'harmonie avec ce qui nous entoure. La confiance en vous et la satisfaction que vous en tirerez constitueront une fondation solide pour la journée à venir.

149 — Dites « je t'aime »

Dites « je t'aime » aussi souvent que possible. Dites-le à la personne qui partage votre vie, à vos parents, à vos enfants, à vos frères et sœurs, à d'autres membres de la famille, à vos amis et à vos animaux de compagnie. La chose la plus triste qui puisse arriver est que quelqu'un meure sans qu'on ait pu lui dire qu'on l'aimait. La plus belle chose qui puisse arriver est de dire, encore et encore.

Savourez le bonheur 150

Être heureux est une joie et, par quelque moyen qu'on y parvienne, il est important d'en savourer la réalité. La dernière idée à la mode parmi les scientifiques et les journalistes est de sous-entendre que, si le bonheur résulte des gènes ou d'une réaction causée par les neurones ou les hormones, alors il s'en trouve dévalué. C'est une idée totalement fausse.

La vérité est que le bonheur, sous toutes ses formes, reste le bonheur, et il est bon d'être heureux, quelle qu'en soit la raison. Espérons que ces rabat-joie liront ce livre et qu'ils attraperont le virus du bonheur!

151 — Faites une pause chocolat

Si vous aimez le chocolat, faites-vous plaisir et offrez-vous une gourmandise en quantité suffisante mais raisonnable, et délectez-vous du bonheur qu'elle vous apporte. Assouvissez votre passion pour le chocolat; accordez-vous juste ce qu'il faut pour en savourer le goût délicieux et faire preuve de générosité envers vous-même. En plus de tout ce plaisir, le chocolat vous procurera des substances chimiques responsables du bien-être et semblables à celles que l'on ressent lorsqu'on tombe amoureux. Ces substances favorisent la sécrétion d'endorphines, qui vous feront vous sentir encore mieux.

Massage relaxant

152

Pour un avant-goût du paradis, offrez-vous un massage relaxant. Si votre cher et tendre vous en propose un, assurez-vous que ce ne soit pas un préliminaire à l'acte sexuel, afin de pouvoir vous abandonner au massage pour lui-même.

Pourquoi ne pas choisir une zone particulière pour ce massage, plutôt qu'un massage intégral ? La personne qui vous masse devra peut-être se concentrer sur le dos, les épaules et le cou, ou pourquoi pas les pieds s'ils vous font souffrir. Savourez le bonheur absolu que vous procurera ce moment.

Bonheur instantané

MASSAGE AYURVÉDIQUE DE LA TÊTE

Pour une expérience orientale authentique, essayez un massage ayurvédique de la tête.

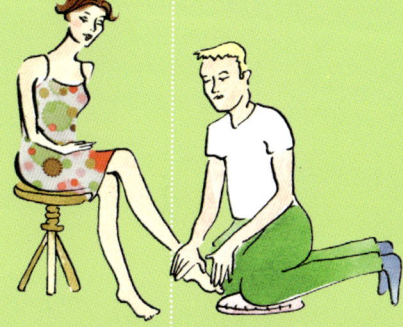

check-list 5 — Quels progrès ?

Que vous ayez essayé plusieurs idées ou une seule ce mois-ci, il est bon de méditer sur ce que vous avez choisi d'expérimenter et pourquoi, et de voir si cela vous a réussi.

1. Combien d'activités avez-vous essayées ce mois-ci ?
- 1–3 activités ☐
- 4–10 activités ☐
- 11–20 activités ☐
- 21–30 activités ☐

2. Combien de ces activités avez-vous renouvelées plusieurs fois au cours du mois ?
- 1–3 activités ☐
- 4–10 activités ☐
- 11–20 activités ☐
- 21–30 activités ☐

3. Quelles activités ont eu un effet positif sur votre humeur ce mois-ci ?

Utilisez la page ci-contre pour consigner ce qui vous a réussi et ce qui ne vous a pas réussi.

Notes, remarques et pensées

153 — Prenez le temps de vous arrêter

Chaque jour, restez quelques instants immobile et silencieux afin de toucher le fond de votre âme, votre être intérieur, le véritable « vous » qui se cache sous votre image extérieure, ou une dimension encore partiellement inexpliquée.

Dans l'immobilité et le silence, vous trouverez cette partie intrinsèque de vous-même ; protégez-la et aimez-la, et sentez-vous protégé et aimé en retour. C'est la clé de l'équilibre intérieur et de la satisfaction.

Aménagez-vous du temps libre

154

On croit souvent que l'on n'a pas assez de temps pour faire les choses auxquelles   . Peut-être y a-t-il des tas d'activités qui vous tenteraient : lire plus de livres ou reprendre un loisir délaissé, par exemple.

Pour cela, vous devez libérer du temps ; il suffit de le créer à partir du matériau existant que sont les vingt-quatre heures d'une journée. Si vous faites sonner votre réveil une heure plus tôt chaque jour, ou décidez de moins regarder la télévision ou de passer moins de temps à l'ordinateur, alors vous pourrez accumuler bien plus de temps pour vous.

La pensée du jour

FAITES CE QU'IL VOUS PLAÎT

Le bonheur, c'est d'avoir le temps de faire quelque chose à quoi l'on tient vraiment et de savoir gérer son temps libre.

155 — Osez rêver

Il est important d'avoir une vision, un rêve, et d'oser rêver. Les grands de ce monde commencent souvent avec un rêve.

Martin Luther King a prononcé un magnifique discours sur la tolérance et la démocratie, et ses paroles ont survécu pour arriver jusqu'à nous. Quelque 40 ans plus tard, son rêve est en train de devenir réalité. Le courage et l'espoir sont là pour nous tous.

Je fais un rêve.
Martin Luther King

Là-haut, sur la montagne

156

En haut d'une montagne ou d'une colline, vous aurez la sensation merveilleuse que le monde est à vous. Atteindre un sommet a quelque chose de magique ; c'est un véritable accomplissement.

Que vous y soyez parvenu à pied ou par un autre moyen, vous vous sentirez satisfait de vous-même, et la vue qui s'offrira à vous ainsi que la beauté à perte de vue vous procureront un immense bien-être. Là-haut, sur la montagne, on se sent proche du ciel et même des cieux…

157 | Visitez une galerie d'art

Bonheur instantané

CHOISISSEZ VOS PRÉFÉRÉS

Lors d'une visite dans une galerie d'art ou un musée, prenez bien le temps de sélectionner vos œuvres d'art préférées. Consignez vos opinions et vos pensées dans votre journal.

Admirer des œuvres d'art, que vous préfériez la peinture ou la sculpture, peut avoir un effet réellement euphorisant. La prochaine fois que vous aurez un moment de libre, rendez-vous dans une galerie d'art et prenez le temps d'apprécier les œuvres exposées.

Peu importe qu'il s'agisse d'une petite galerie, d'un musée local ou national, que les œuvres d'art exposées soient des œuvres d'amateur ou des chefs d'œuvre réalisés par des artistes célèbres classiques ou contemporains. Voyez quels tableaux ou sculptures vous parlent le plus et vous donnent des frissons. Le simple souvenir de cette visite recréera par la suite le plaisir que vous avez ressenti aujourd'hui.

Chantez votre joie !

Le chant est une activité oubliée ou ignorée par beaucoup. La plupart des gens partent du principe qu'ils ne savent pas chanter, et n'essaient même pas. Chanter peut pourtant avoir un effet très bénéfique. Essayez de chanter seul sous la douche ou dans le bain, à la campagne, dans votre jardin ou au parc, ou chantez avec des personnes ayant les mêmes centres d'intérêt, pourquoi pas dans une chorale. En plus d'être l'occasion d'exprimer votre spiritualité, le chant peut donner la sensation d'être en lien direct avec son âme. Laissez votre joie de vivre monter aux cieux.

159 — L'ennui a du bon

Avez-vous pour habitude de considérer l'ennui comme une émotion négative à éviter? Eh bien, pensez-y autrement. Peut-être pouvez-vous l'utiliser comme un tremplin pour des centres d'intérêts nouveaux et pour mettre un peu de piment dans votre vie. Si vous vous ennuyez et que vous manquez d'enthousiasme concernant votre situation du moment, alors tant mieux! L'ennui est un signal d'alarme et une occasion extraordinaire de se rendre compte de ce dont on a besoin dans la vie ou de réfléchir à ce qu'on veut vraiment faire.

Écoutez votre ennui et remplissez votre vie de passion et d'envie de faire une activité, de curiosité pour ce monde fabuleux dans lequel nous vivons et, enfin et surtout, de rêves. Votre vie sera pleine d'intérêt et de bonheur.

Serrez des mains

160

$\mathcal{P}$ensez à la signification d'une poignée de main. Chaque poignée de main est, potentiellement, un signe de bienvenue et de lien nouveau, et chaque occasion de serrer une main est à saisir.

Pourquoi ne pas serrer spontanément la main de toutes sortes de gens que vous rencontrez ? Les enfants adorent qu'on leur serre la main, car cela leur donne la sensation de compter et d'être grands, et les adultes aiment aussi cela pour à peu près les mêmes raisons. Ce geste familier qui fait partie de notre culture est souvent rassurant.

La pensée du jour

QUELLE POIGNE ?

Assurez-vous que votre poignée de main soit agréable pour autrui. Elle doit être ferme mais douce.

161 — Votre musique préférée ?

Imaginez que vous devez passer dans une émission télévisée où l'on vous demande de choisir vos morceaux favoris et de dire pourquoi ils sont importants à vos yeux.

Passez-vous le morceaux que vous préférez et qui comptent le plus pour vous. Choisissez votre sélection finale pour le jour « J » imaginaire ; ce petit jeu vous fera sans doute beaucoup réfléchir et sera une expérience musicale agréable. Pourquoi ces morceaux vous plaisent-ils tant ? Peut-être racontent-ils votre histoire. Savourez ce voyage au cœur des émotions. En avant la musique !

La pensée du jour

MORCEAUX CHOISIS

Amusez-vous à choisir les disques que vous emporteriez sur une île déserte ; réfléchissez aux raisons pour lesquelles cette sélection vous tient tant à cœur.

Acceptez l'inévitable **162**

Quoi qu'il arrive dans votre vie, vous pouvez être certain qu'elle se terminera un jour. Accepter le caractère inéluctable de la fin de l'existence est libérateur et permet de profiter au mieux de chaque jour qui passe. Vous surmonterez les mauvais moments et les périodes tristes, et vous vous sentirez pousser des ailes dans les bons moments.

Faites preuve de loyauté **163**

La loyauté est une vertu précieuse, aussi efforcez-vous d'être aussi loyal que possible. Il est bon de soutenir ses amis et collègues et d'être à leurs côtés. En les aidant à développer leur confiance en eux, vous développerez votre confiance en vous ; vous les aiderez à être eux-mêmes et à faire de leur mieux. La loyauté est une attitude bénéfique pour tout le monde.

164 — Faites partie d'un groupe

Savourez le bonheur d'e faire partie de petits ou de grands groupes. Dans le passé, tout le monde se serrait les coudes et l'on était rarement seul; le proverbe « l'union fait la force » était la clé de la survie.

De nos jours, on se plaît davantage dans la solitude, mais il est toujours merveilleusement rassurant de sentir que l'on fait partie d'un groupe ou d'une foule. Aussi, au lieu de rentrer dans votre coquille la prochaine fois que vous vous retrouvez en sandwich entre plusieurs personnes, par exemple dans le bus ou le train, estimez-vous heureux d'être au cœur d'une foule. Savourez cette sensation de confort physique et mental profond.

Partez en pèlerinage

Dans les siècles passés, le pèlerinage était une activité pratiquée par de nombreuses personnes à la recherche de spiritualité et de religion. De nos jours, les pèlerinages sont bien moins courants, mais c'est toujours une merveilleuse façon de se mettre en quête de paix, d'harmonie et de sérénité. Si le cœur vous en dit, votre pèlerinage pourrait être ambitieux et stimulant, comme par exemple faire à pied le chemin de Saint-Jacques-de-Compostelle en Espagne. Si c'est votre rêve, préparez dès maintenant votre voyage et savourez-en chaque étape le moment venu. Un pèlerinage près de chez vous vous donnera également l'occasion d'une quête spirituelle. Des lieux saints comme la tombe d'un saint ou un mégalithe sont fascinants et procurent une sensation d'harmonie avec le monde, qui guérit l'âme et remplit d'une joie muette mais profonde.

166 — Appréciez la méditation

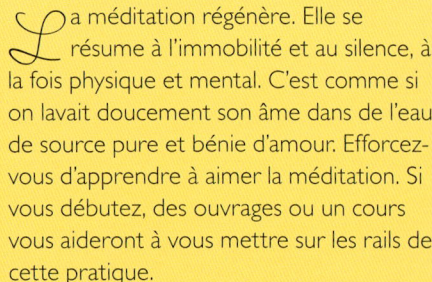

La méditation régénère. Elle se résume à l'immobilité et au silence, à la fois physique et mental. C'est comme si on lavait doucement son âme dans de l'eau de source pure et bénie d'amour. Efforcez-vous d'apprendre à aimer la méditation. Si vous débutez, des ouvrages ou un cours vous aideront à vous mettre sur les rails de cette pratique.

Une fois que vous en aurez pris l'habitude, vous pourrez essayer d'écouter votre voix intérieure, qui vous guidera et vous éclairera. Avec un peu d'entraînement et à mesure que la méditation deviendra pour vous une pratique familière, vous vous détendrez davantage et plus profondément.

Comme on fait son lit

167

Considérez votre lit comme un nid douillet, un havre de paix et un lieu de repos suprême. C'est aussi le lieu privilégié de votre sexualité, si vous êtes en couple. Sous tous ses aspects, votre lit doit être délicieusement accueillant et, si sa vue vous attire, il peut être une oasis où savourer un heureux repos nocturne ou un séjour diurne de plus courte durée.

Assurez-vous donc d'avoir un lit propre, frais et accueillant, et vous l'apprécierez chaque soir et peut-être parfois dans la journée.

168 — Soyez fidèle à vous-même

Soyez honnête envers vous-même dans votre travail et votre vie sociale, et soyez également fidèle à vous-même et à vos proches dans votre vie privée. Donner une fausse image de soi demande d'incroyables efforts sur le long terme et donne aussi le sentiment d'être faux.

Mieux vaut de loin montrer votre véritable personnalité à tout le monde et avoir conscience d'être aimé pour vous-même et malgré vos défauts. Il est bien plus facile d'être sincère quant à sa véritable personnalité, et on se sent ainsi bien plus détendu et heureux.

Affirmez votre droit au sommeil

169

Quand vient la nuit, affirmez votre droit au calme et au sommeil. Imaginez que vous prenez tous les doutes et les peurs de la journée, et que vous les enfermez tous dans une grande bouteille. Regardez-les tomber jusqu'au fond et replacez le bouchon.

Placez ensuite votre bouteille par terre. Si vous devez faire face à des problèmes le matin suivant, mettez donc cela au programme du lendemain avant de vous coucher. Pour l'instant, il est l'heure de se reposer, en paix et dans le bonheur.

La pensée du jour

C'EST TOUT POUR AUJOURD'HUI

Mettez fin à tous vos tracas pour la nuit. Une fois l'esprit dégagé de tout souci, vous pourrez dormir en paix.

170 — Remarquez les détails de votre journée

Il est bon de partager le récit de sa journée avec quelqu'un, car cela rapproche les êtres et ajoute de l'intérêt à une relation. Assurez-vous de ponctuer vos récits de détails intéressants que vous avez remarqués, et de ce que vous en avez pensé.

Efforcez-vous de remarquer les petits détails fascinants d'une journée, ainsi que vos sentiments, et utilisez-les pour rendre vos conversations plus vivantes une fois de retour à la maison. Parler de votre journée avec ceux que vous aimez est un réel plaisir partagé, qui vous maintient au fait de vos existences respectives et procure un sentiment d'intimité.

Achetez des aliments de qualité

Soyer un consommateur éclairé : faites vos courses dans des magasins dont les fournisseurs ont des critères de qualité exigeants. Par exemple, si vous mangez de la viande, essayez de n'en acheter que si elle provient d'animaux élevés en plein air. Si ce choix signifie que la viande est pour vous un luxe occasionnel, alors tant mieux.

Vous ne vous sentiriez pas très fier de vous si vous saviez que la viande que vous mangez provient d'un animal ayant eu une existence atroce. Si les animaux sont traités avec soin et respect, vous savourerez d'autant plus votre viande.

172 — Envoyez un cadeau à quelqu'un

Bonheur instantané

EMBALLEZ, C'EST PESÉ !

Du joli papier cadeau ajoute un petit supplément de plaisir à un cadeau, à la fois pour celui qui le reçoit et pour celui qui le donne.

Envoyez spontanément un cadeau à quelqu'un aujourd'hui, et, même s'il est petit ou bon marché, emballez-le soigneusement et joliment ou décorez vous-même la carte qui l'accompagne.

Vous aurez beaucoup de plaisir à choisir le papier cadeau, à envelopper votre présent et à le donner. Il en sera de même pour celui qui le recevra, en découvrant que non seulement vous avez pensé à lui, mais que vous avez aussi pris le temps d'emballer votre cadeau avec soin et avec goût.

Soyez un rayon de soleil 173

Ayez conscience de votre aptitude à illuminer la vie d'autrui et utilisez ce don aussi souvent que possible, tous les jours.

Vous avez une grande capacité à améliorer la vie d'autrui. Même le plus petit geste de gentillesse peut avoir un impact immense et insoupçonnable. Peut-être avez-vous tendu la main à une personne âgée ou infirme qui ne pouvait pas attraper quelque chose sur un rayon de supermarché, par exemple. Utilisez ce don autant que vous le pouvez, et il vous rendra heureux par la même occasion.

174 — Anticipez les problèmes

La pensée du jour

GÉREZ VOS AFFAIRES

Il est bon et rassurant de gérer ses affaires correctement, et d'assurer ainsi la protection de son bonheur.

Si vous voyez des problèmes poindre à l'horizon, agissez rapidement afin de les empêcher de prendre forme et de se réaliser. Tant de problèmes et de difficultés ne se concrétiseraient sans doute jamais si nous ne faisions pas l'autruche et si nous étions plus attentifs aux évènements extérieurs.

Regardez devant vous et ayez conscience de ce qui se passe dans tous les aspects de votre vie. Prévoyez des plans d'urgence au cas où les choses tourneraient mal, et soyez proactif.

Prenez une boisson chaude 175

Rien de tel qu'une boisson chaude pour se calmer quand les choses tournent au vinaigre au cours de la journée. Quand votre équilibre est menacé, choisissez votre boisson chaude préférée.

Le rituel de préparation et de partage d'une boisson avec autrui est en soi apaisant, et la chaleur et les ingrédients de la boisson elle-même procurent également beaucoup de bien-être. C'est une petite oasis de bonheur qui peut faire toute la différence en période de tumulte. Si vous avez froid et que vous êtes fatigué, prenez une boisson chaude voluptueuse et fumante, qui vous évoquera une retraite bien méritée dans une maison et un foyer chauds et confortables après une sortie dans le froid de l'hiver. C'est tellement réconfortant.

Bonheur instantané

IDÉES DE BOISSONS CHAUDES

- Thé ou café
- Cacao ou chocolat chaud
- Thé aux fruits
- Soupe
- Eau chaude avec une rondelle de citron
- Vin chaud épicé
- Jus de pommes chaud

176 — Voyez le bon côté des choses

Un échec peut parfois être en réalité un succès, ou du moins le début d'un succès. Perdre son travail, par exemple, est une occasion de réfléchir à la direction que l'on veut donner à sa vie. Une relation qui se termine peut ouvrir la porte à un bonheur séparé pour les deux personnes. Même l'échec pur et simple peut se transformer en succès si l'on en tire les leçons et que l'on prend la résolution d'aborder les choses autrement à l'avenir. Voir un échec sous un jour plus positif peut avoir un effet très tonique.

Chercher à voir le bon côté d'un échec permet de révéler la réussite et le bonheur potentiels, qu'ils soient pour aujourd'hui ou pour plus tard.

Compréhension mutuelle 177

Les mots et les actes ne sont pas toujours transparents; on a parfois besoin de traduire ses propres paroles ou celles des autres veulent dire.

Ainsi, même si, après avoir écouté attentivement, vous ne comprenez toujours pas quelqu'un, demandez-lui de nouvelles explications. Répétez-lui ce que vous avez cru en comprendre, pour clarifier le débat choses et vous assurer que vous parlez de la même chose. De la même manière, si quelqu'un n'arrive pas à comprendre ce que vous essayez de dire, essayez de l'exprimer autrement.

La pensée du jour

CLAIR ET NET

La compréhension n'est pas toujours instantanée; une petite clarification est souvent la clé de la compréhension et du bonheur dans une relation.

178 — Regard tendre

Regardez votre conjoint et vos êtres chers avec amour et tendresse, et appréciez de les voir faire de même. Une des plus belles choses sur cette terre est de voir l'amour dans les yeux d'autrui, et il est aussi très agréable d'exprimer ses propres sentiments par le regard.

179 — Soyez sensible

Soyez sensible aux sentiments d'autrui et veillez bien à ne pas appuyer là où ça fait mal. Blesser quelqu'un et le piquer au vif se retourne toujours contre soi, car, au fond, quand on a été méchant, on le sait bien, et ça n'est pas un sentiment très agréable. Vous montrer apaisant et plein de tact vous permettra de vous sentir généreux et heureux de l'être.

Marchez sous la pluie 180

Habillez-vous bien et allez vous promener sous la pluie avec un ami ou votre conjoint. En marchant et, plus tard, de retour à la maison, vous serez bien content d'avoir fait cet effort.

Il est très amusant de sauter dans les flaques et de sentir la pluie sur son visage. Vous serez fier d'avoir bravé les éléments naturels, et le caractère ridicule de cette idée farfelue vous fera rire. Vous pouvez bien sûr chanter et danser si vous vous laissez emporter. Il est aussi très agréable de rentrer à la maison, de se sécher et peut-être même de se récompenser avec du thé et des petits gâteaux!

> Les pâquerettes sont notre argent,
> Les boutons-d'or notre or :
> C'est là le seul trésor
> En tous lieux, en tous temps.
>
> **Jan Struther**

181

Ayez foi dans vos relations

Soyez positif en ce qui concerne vos relations et vos amitiés. Les auto-affirmations suivantes : « Oui, je suis heureux dans mon mariage » ou « Untel est un très bon ami » encouragent la loyauté, l'affection, l'amitié et bien sûr, l'amour.

Un tel bonheur manifeste vous entourera d'une aura positive, que les autres remarqueront immédiatement ; s'ils ressentent votre enthousiasme, ils y répondront chaleureusement. Croire au bonheur de son mariage et de ses amitiés contribue à l'épanouissement personnel.

Dessinez votre maison 182

Faire un plan ou une représentation de votre maison ou de l'endroit où vous vivez est un excellent passe-temps qui donne le sentiment d'être à sa place et procure un frisson de bonheur ; qui plus est, vous aurez ensuite une belle œuvre d'art à accrocher au mur. Essayez de faire des expériences avec des styles différents : votre dessin peut être graphique, comme une carte, follement impressionniste ou même abstrait.

Vous pouvez y représenter tous les gens de votre voisinage que vous connaissez, et tout détail qui vous semble important. Votre maison est le centre de votre vie, alors mettez-la en valeur. C'est une activité amusante qui donne le sentiment d'appartenir à un lieu et à une famille.

check-list 6   *Quels progrès ?*

Que vous ayez essayé plusieurs idées ou une seule ce mois-ci, il est bon de méditer sur ce que vous avez choisi d'expérimenter et pourquoi, et de voir si cela vous a réussi.

1. Combien d'activités avez-vous essayées ce mois-ci ?
- 1–3 activités ☐
- 4–10 activités ☐
- 11–20 activités ☐
- 21–30 activités ☐

2. Combien de ces activités avez-vous renouvelées plusieurs fois au cours du mois ?
- 1–3 activités ☐
- 4–10 activités ☐
- 11–20 activités ☐
- 21–30 activités ☐

3. Quelles activités ont eu un effet positif sur votre humeur ce mois-ci ?

Utilisez la page ci-contre pour consigner ce qui vous a réussi et ce qui ne vous a pas réussi.

Notes, remarques et pensées

183 — Marchez aux carottes

Bonheur instantané

IDÉES DE CAROTTES

- Préparez-vous une boisson chaude exactement comme vous l'aimez.
- Mangez un carré de chocolat.
- Passez un appel personnel, envoyez un e-mail ou un texto à un ami.
- Allez faire un petit tour à pied.

Les encouragements et les petites récompenses, aussi simples soient-ils, peuvent aider à rendre le travail plaisant et fructueux. Ce sont en général de bonnes recettes pour une journée pleine de bonne humeur.

Essayez donc de vous donner des « carottes » à différentes étapes de votre journée. Promettez-vous une tasse de café préparée exactement comme vous l'aimez, par exemple, et que vous pourrez prendre une fois que vous aurez terminé telle ou telle partie de votre travail. Cela vous redonnera entrain et motivation, et sera une pause agréable. Vous serez également plus enclin à la concentration, et ainsi votre travail se fera plus facilement et sera plus satisfaisant.

Partagez les bonnes choses 184

Plutôt que de garder pour vous votre argent et toutes les autres bonnes choses de votre vie, laissez-les éclabousser autrui. Ouvrez les vannes ; cela vous sera rendu au centuple. C'est une sorte de sagesse très ancienne, mais qui est particulièrement d'actualité, en ces temps d'extrême abondance côtoyant l'extrême pauvreté.

Soyez donc aussi généreux que vous le pouvez avec tout ce que vous avez. D'autres choses viendront à vous, et vous pourrez en transmettre encore plus ; qui plus est, vous en tirerez un grand plaisir. Être généreux est un acte utile aux autres mais aussi à soi-même.

> *Jetez votre pain à l'eau, et il vous reviendra sous la forme de sandwiches au jambon.*
>
> **Lee Cousins**

185 — Faites-vous chouchouter

Cet ouvrage contient une mine de conseils sur la façon de prendre soin de vous et de vous aimer, mais, de temps en temps, il est tellement plus agréable de s'asseoir ou de s'allonger et d'avoir quelqu'un qui s'occupe de vous.

Cela peut prendre la forme d'une journée dans une station thermale où vous vous prélasserez dans la chaleur du bassin et du sauna, et où vous profiterez d'un soin du corps relaxant. Cela peut être aussi un délicieux repas dans votre restaurant préféré, où vous vous sentirez mis en valeur et servi comme une altesse.

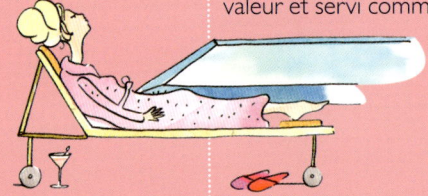

Tissez votre destin | 186

Maîtrisez ce qui arrive dans votre vie. L'existence est un mélange de fils de couleurs étroitement liés et formant des motifs incroyables.

Parfois, on en est le tisserand, mais d'autres fois, la vie dicte ce qui arrive et il nous faut suivre la trame du métier à tisser, tant bien que mal. Imaginez-vous en belle tapisserie raffinée, et sachez que le travail est très bien fait. Tout va bien. Appréciez l'idée que vous et votre vie êtes des tisseurs associés qui créent ensemble une tapisserie foisonnant d'existence et d'évènements. Frissonnez de plaisir à cette joyeuse pensée.

187 Guidez quelqu'un d'autre

> **Bonheur instantané**
>
> **SOYEZ UN MENTOR**
> Lorsqu'on conseille quelqu'un dont on entrevoit le potentiel, on en tire également une grande satisfaction de soi-même.

Donnez-vous pour mission de faire progresser quelqu'un d'autre, et devenez son mentor. Ce peut être un ami ou un membre de la famille plus jeune qui ait besoin d'une main pour le guider, ou quelqu'un d'autre qui ait besoin d'un soutien neutre et extérieur.

Guider une personne et faire tout ce que l'on peut pour lui tendre la main est aussi satisfaisant pour elle que pour soi. Cette personne n'oubliera jamais votre aide et sera reconnaissante de votre amitié proactive. En retour, vous ressentirez un plaisir durable grâce à ce que vous avez fait pour cette personne.

Promenez un chien

188

Pourquoi ne pas promener un chien ? Si vous n'en avez pas, empruntez celui d'un ami ou proposez à un voisin trop occupé de promener le sien.

Les chiens adorent être promenés et jouer, et leur plaisir sera contagieux : ils vous feront rire, accéléreront votre pas, et qui sait, peut-être serez-vous d'humeur à courir et à sauter de joie vous aussi ! Partagez pleinement le bonheur abondant des chiens.

189 — Une soirée entre amis

Bonheur instantané

PRÉPAREZ VOTRE SOIRÉE

Réfléchir à la contribution que vous apporterez à une soirée prévue entre amis vous procurera un bonheur immédiat.

Pourquoi ne pas organiser une soirée entre amis sur le thème des choses préférées ? Elle pourrait revêtir de nombreuses formes différentes : par exemple, chacun pourrait apporter un morceau de musique qu'il adore, un poème à lire ou même une anecdote à raconter. Il est important que toutes les personnes présentes respectent les choix des uns et des autres et écoutent toutes les contributions avec une attention sincère.

Vous verrez que, chacun apportant des choses différentes, la variété qui s'offrira à vous constituera un merveilleux mélange éclectique.

Une autre idée, peut-être plus légère, consiste à apporter des vêtements à échanger, ou faire des expériences de maquillage ou de coiffure entre amis.

Acceptez les compliments — 190

Lorsque quelqu'un vous fait un compliment, faites l'effort de l'apprécier pleinement, en irradiant de plaisir à l'intérieur comme à l'extérieur.

Un compliment est un vrai plaisir, car il montre que la personne vous apprécie et fait preuve de générosité et de cœur. Un compliment souligne un aspect positif de vous-même, que vous pourrez alors apprécier à votre tour. Ça n'a peut-être l'air de rien, mais cela peut faire une grande différence.

Bonheur instantané

SAVOUREZ !

Savourez tout compliment que l'on vous adresse, et remerciez-en chaleureusement l'auteur.

191 — Dormez tout votre soûl

Dériver dans les bras de Morphée pour une bonne nuit de sommeil est tellement agréable, tout comme se réveiller frais et dispos le lendemain matin. Les besoins en sommeil varient d'une personne à l'autre, mais la plupart d'entre nous avons besoin de sept à huit heures par nuit.

Dormez aussi bien que vous le pouvez, car une quantité suffisante de sommeil de bonne qualité est primordial pour la santé et le bien-être, et l'épuisement pourrait bien venir saboter votre bonheur. Avez-vous remarqué que vous vous sentez bien plus heureux quand vous êtes reposé et plein d'énergie?

Si vous sentez que vous avez besoin d'établir de bonnes habitudes, lisez donc un livre sur le sujet ou renseignez-vous pour trouver une clinique du sommeil là où vous vivez.

Rejouez-vous le film — 192

Regardez votre film préféré, celui que vous appréciez même après l'avoir vu des dizaines de fois. Les dialogues vous seront à chaque fois plus familiers et plus plaisants. Votre rapport aux personnages s'approfondira, et comme vous saurez ce qu'il doit se passer, vous pourrez alors vous détendre et vous délecter de l'histoire et des détails. Du pur plaisir.

Pensez « bonhomie » — 193

Pensez au mot « bonhomie » afin de vous mettre un sourire en tête et du baume au cœur. La bonhomie est une attitude bienveillante, joyeuse et chaleureuse envers autrui. Elle mène à la compassion et la compréhension et enraye les bourrasques sociales que sont les colères de conducteur ou la frustration de supermarché. On peut alors poursuivre son petit bonhomme de chemin.

194 — Il suffit de commencer !

Si vous avez un projet créatif que vous ne cessez de remettre à plus tard, c'est que vous l'appréhendez sans doute un peu. Ce peut être un projet d'écriture créative, de peinture, ou encore un cadeau que vous voulez fabriquer pour quelqu'un. Le secret : y sauter à pieds joints.

S'il s'agit d'écriture, le seul fait de mettre quelques mots, n'importe quels mots, sur le papier, vous mettra en selle. Vous pouvez aussi donner des coups de pinceaux abstraits sur une toile ou jouer quelques notes au hasard sur un instrument. Vous avez tout l'avenir devant vous pour changer des éléments, vous exercer et fignoler les détails. Pour l'instant, tout ce que vous avez à faire est de vous y mettre. Savourez le plaisir que cette activité vous procure ! Le bonheur réside dans le commencement, élément essentiel à tout projet que l'on souhaite mener à terme.

Célébrez les opinions différentes — 195

Partout où plusieurs personnes sont réunies, différentes personnalités s'expriment. Vous pouvez être certain d'arriver à un moment donné à un conflit de points de vue. Parfois, ces conflits peuvent s'aggraver et devenir des relations de force qui viennent menacer votre équilibre en faisant basculer vos émotions d'un extrême à l'autre.

Le secret pour retrouver l'équilibre rapidement est de se rendre compte de ce qui se passe, d'accepter les divergences d'opinions et de réfléchir à une manière positive de résoudre la situation. Vous pouvez négocier un compromis ou vous mettre d'accord pour faire avec ces différences. Dans les deux cas, vous vous sentirez immédiatement mieux.

196 — Appréciez les accalmies

Les pauses entre chaque période d'action sont des respirations où peut s'épanouir un bonheur serein. Entre le moment où vous faites un rêve et celui où vous planifiez sa réalisation, vous connaîtrez de nombreux moments où rien ne semblera se passer.

Reprenez courage ; les accalmies font partie du processus. Elle fournissent un espace précieux dans lequel méditer sereinement sur votre progression et sur les étapes à franchir pour atteindre votre destination. Vous pouvez aussi utiliser ces moments pour vous détendre et vous changer les idées en essayant quelque chose de totalement différent.

Dépassez vos limites

Il est souvent bon de sortir de votre zone de confort. Une activité stimulante vous fera voir ce dont vous êtes réellement capable, et vous aidera à avoir confiance en vous à tous les niveaux. En outre, faire quelque chose qui vous enthousiasme profondément vous procurera une émotion intense et une grande satisfaction.

Réfléchissez à ce qui pourrait repousser vos limites de confort et vous inciter à vous dépasser. Peut-être un sport extrême comme le saut à l'élastique ou un sport d'équipe comme la course en catamaran? Tout ce qui vous donne un frisson de peur mêlé à une curiosité irrésistible pour la sensation éprouvée est un signe que vous devriez foncer! Bien sûr, vous devrez vous assurer de recevoir la formation requise pour toute discipline dangereuse et prendre toutes les précautions nécessaires, mais faites-le! Ce sera une expérience si intense et inoubliable.

198 — Faites une bataille de polochons

Faire une bataille de polochons avec votre partenaire ou un ami est une excellente façon de libérer des émotions comme la colère et de relâcher la pression, afin de remettre votre relation sur les rails.

Des oreillers ou des traversins moelleux et arrondis ne blesseront personne et seront une arme idéale pour une bataille enjouée. Vous asséner des coups de polochon mutuels vous fera retomber en enfance, et vous vous retrouverez à glousser comme si vous aviez dix ans; ce sera une bouffée d'air frais et d'amusement dans ce monde si sérieux.

Soyez votre propre meilleur ami — 199

Le choix vous appartient : vous avez le pouvoir et la capacité d'être votre meilleur ami ou votre pire ennemi. Oubliez donc l'ennemi et chérissez l'ami en vous. Il sera toujours de votre côté, se montrera de bon conseil, vous consolera et vous inspirera. Il vous aidera à prendre confiance en vous et à vous aimer. Il sera là, auprès de vous, toute votre vie, et avec lui, vous connaîtrez un grand bonheur.

200 — Appréciez de comprendre

Parfois, vous vous surprendrez à comprendre un concept très facilement, peut-être quelque chose que votre partenaire ou vos amis ne peuvent même pas discerner. Vous serez sans doute tenté de leur expliquer, mais même avec toutes les bonnes intentions du monde, toute tentative de les forcer à rejoindre votre point de vue les inquiétera et les incitera sans doute à ne pas en démordre. Ils partageront votre point de vue quand ils seront prêts, et s'ils sont prêts un jour. En attendant, savourez votre propre compréhension des choses.

Un point central

Les points centraux sont importants dans une maison. Ils peuvent être petits et temporaires, comme un vase de fleurs sur une table, ou imposants et permanents, comme une âtre avec une collection de bibelots sur la cheminée. De tels points sont des endroits où se réunir, et ils attirent l'attention et la retiennent. Visuellement attrayants, ils procurent le sentiment agréable de se recentrer tout en se détendant chez soi. Si vous pratiquez la méditation, ils peuvent devenir des points de concentration sur lesquels fixer votre regard.

Si vous avez une cheminée en bon état de fonctionnement, faites un feu aussi souvent que vous le pouvez. Un feu dans une cheminée réchauffe le corps et l'esprit, et il est tellement fascinant de regarder de vraies flammes vaciller et d'entendre le feu crépiter. Si vous n'avez pas la chance d'avoir une cheminée, disposez vos sièges et canapés autour d'un autre point central attrayant, comme une statue de Bouddha ou une composition de bois flotté ou d'autres objets naturels trouvés au gré de vos promenades.

202 — Chérissez votre passé commun

Soignez les amitiés de longue date qui ont surmonté les obstacles et traversé le temps et chérissez-les, car elles font partie de votre histoire et contribuent à votre bonheur.

Chérissez le passé commun de vos amitiés de longue date pour ce qu'elles vous ont apporté de souvenirs ensemble, de soutien constant et de loyauté ; tout cela forme un merveilleux tissu d'amour. Vous vous connaissez très bien l'un l'autre, peut-être mieux que quiconque, et c'est un sentiment tellement agréable que de le savoir.

Mettez-vous au parfum 203

Entourez-vous d'une aura de parfum, non parce que c'est à la mode ou très coûteux, mais simplement parce que vous appréciez une odeur ou qu'elle vous évoque quelque chose de particulier.

Que vous choisissiez d'avoir cette odeur sur vous en tout temps ou occasionnellement, elle s'harmonisera avec l'odeur de votre peau et créera un parfum unique et personnalisé, qui vous procurera un bien-être tout au long de la journée, et flottera discrètement autour de vous pour en faire profiter les autres. Simplement divin!

Bonheur instantané

UN PARFUM DE BONHEUR

Un parfum que vous aimez particulièrement vous ouvrira les portes du bonheur.

204 — Ne perdez pas le contact

Faites un effort particulier pour informer votre famille, vos amis et vos voisins des dernières nouvelles vous concernant. Ils en seront touchés et se sentiront flattés que vous ayez pris la peine de penser à eux, et lorsqu'ils auront à leur tour des nouvelles à vous faire partager, ils se rappelleront sans doute votre geste et ne manqueront pas de le faire. C'est un bon moyen de rester en contact régulier et de se sentir proche de sa famille et de ses amis.

Vous garder au fait de vos existences respectives sera bon pour tout le monde et vous donnera le doux sentiment de faire partie d'une communauté.

Chantez en chœur   205

Vous aimez peut-être chanter sous la douche pour vous mettre de bonne humeur, mais avez-vous déjà essayé de chanter en chœur avec d'autres personnes ? Le simple fait d'associer votre voix avec d'autres renforcera l'expérience et vous ouvrira de nouveaux horizons émotionnels. Essayez de chanter avec votre partenaire, votre famille ou vos amis, ou bien intégrez une chorale.

La manière dont les notes s'allient pour produire un mélange merveilleux de sons a quelque chose de magique. Il est très satisfaisant de faire partie d'un tel ensemble musical, et très amusant de travailler en équipe. Les accords se font l'écho du plaisir de votre corps : une merveille !

206 — Employez les bonnes manières

Bonheur instantané

BONNES RÉSOLUTIONS
En allant au travail ou en courses, mettez un point d'honneur à tenir la porte aux gens, que ce geste soit «nécessaire» ou non.

Les bonnes manières sont-elles passées de mode? Bien sûr que non : elles sont essentielles à la vie en harmonie avec autrui et elles permettent au monde de mieux fonctionner. Les bonnes manières ne consistent pas en des protocoles démodés et contre-nature; elles permettent seulement d'installer une aise entre soi-même et autrui, et d'agir avec considération.

Que vous ayez la chance d'avoir appris les bonnes manières de vos parents et professeurs, en lisant des livres et des magazines ou en vous fiant à votre bon sens, la courtoisie met tout le monde à l'aise et la bonté est toujours appréciée par celui qui en fait preuve et celui qui en bénéficie.

Essayez le bénévolat

Si vous n'avez jamais été bénévole, pourquoi ne pas essayer ? Vous pouvez être mentor, rendre visite à des personnes hospitalisées ou en maison de retraite, ou peut-être travailler bénévolement dans un dépôt de vêtements ou d'objets d'occasion. Il existe de nombreuses œuvres de bienfaisance, qui ont toutes besoin d'aide. En plus d'aider les autres, qui est une bonne action, le bénévolat est une voie qui mène directement au bonheur personnel.

Vous rencontrerez toutes sortes de gens dont vous n'auriez peut-être pas croisé le chemin en temps normal, et vous pourrez alors partager vos richesses intérieures respectives. Vos sentiments et vos talents seront élargis, et la satisfaction que vous en tirerez sera immense.

Bonheur instantané

DANS LES DEUX SENS

Aider les autres vous apportera autant de bonheur que vous leur en apporterez.

208 — Regardez couler de l'eau

Marchez le long d'un ruisseau ou d'une rivière, et appréciez la vue de l'eau, la manière dont elle coule, ses vagues et ses tourbillons. La beauté, l'intemporalité de l'eau et la faune et la flore qui y prolifèrent sont toutes très plaisantes à observer. Le bruit de l'eau est quant à lui apaisant, et si vous pouvez vous y tremper les pieds, c'est encore mieux.

209 — Vos efforts comptent

Quoi que vous fassiez, que vous soyez doué ou non pour cela, faites de votre mieux. Une attitude positive et la volonté d'essayer, en plus des efforts fournis, est ce qui compte le plus. Faire de son mieux est un principe qui enrichit l'existence, génère du bien-être et, qui sait, vous pourriez bien vous découvrir un potentiel plus grand que vous ne l'imaginiez, ou un talent que vous ne vous connaissiez même pas.

Faites une liste de bonnes choses — 210

Prenez le temps chaque jour, surtout si vous êtes du genre à vous apitoyer sur votre sort, de faire une liste de toutes les bonnes choses de votre vie. Ce peut être une grande variété de choses : de la bonté dont vous avez fait preuve ou que l'on vous a témoignée, un nouvelle acquisition ou un bon repas que vous avez cuisiné. Ce peut être l'amour que vous avez la chance d'avoir dans votre vie : votre amour pour les autres et leur amour pour vous. Une fois que vous commencerez votre liste, une myriade de choses vous viendront à l'esprit. Estimez-vous heureux de toutes ces bonnes choses et soyez-en reconnaissant.

> *Bonheur instantané*
>
> **BONHEUR DÉCUPLÉ**
>
> Reconnaître sa chance et son bonheur engendre davantage de chance et de bonheur.

Pensez à tout ce que vous avez pour être heureux, pensez à chaque chose une par une, et vous serez surpris de ce que le Seigneur a fait.

Johnson Oatman Jr

211 — Raisonnez

Chaque fois que vous vous sentez perturbé sans savoir pourquoi, usez de votre bon sens pour en trouver la raison. Le simple fait de raisonner apaise et permet généralement d'identifier rapidement la cause de son désarroi.

Une fois que vous avez touché le fond du problème, réfléchissez à des stratégies de résolution de ce problème afin de vous en débarrasser pour de bon. Faire face à ce qui ne va pas et plonger au cœur d'un problème permet de rester optimiste et positif.

Du vieux pain sur votre balcon — 212

Un simple geste quotidien tel que mettre des miettes de pain dehors pour les oiseaux contribuera à votre bonheur. En faisant cela, vous saurez que vous les aidez à survivre en période difficile.

Il est fascinant d'observer les oiseaux et de s'intéresser à la façon dont ils communiquent. Vous reconnaîtrez bientôt certains oiseaux qui reviennent de jour en jour chercher à manger. Leurs va-et-vient autour de la mangeoire vous offriront également un joli spectacle.

Bonheur instantané

SENTEZ-VOUS POUSSER DES AILES!

Lorsqu'on invite les oiseaux de son jardin à manger, le bonheur s'invite avec eux et nous donne des ailes à nous aussi!

check-list 7 — Quels progrès ?

Que vous ayez essayé plusieurs idées ou une seule ce mois-ci, il est bon de méditer sur ce que vous avez choisi d'essayer et pourquoi, et de voir si cela vous a réussi.

1. Combien d'activités avez-vous essayées ce mois-ci ?
- 1–3 activités ☐
- 4–10 activités ☐
- 11–20 activités ☐
- 21–30 activités ☐

2. Combien de ces activités avez-vous renouvelées plusieurs fois au cours du mois ?
- 1–3 activités ☐
- 4–10 activités ☐
- 11–20 activités ☐
- 21–30 activités ☐

3. Quelles activités ont eu un effet positif sur votre humeur ce mois-ci ?

Utilisez la page ci-contre pour consigner ce qui vous a réussi et ce qui ne vous a pas réussi.

Notes, remarques et pensées

213   *Invitez des amis à dîner*

Bonheur instantané

RECETTE DU BONHEUR

De la conversation, du rire et un bon repas partagé sont les ingrédients essentiels de la recette pour le bonheur.

Invitez quelques amis à dîner. Il ne s'agit pas tant de ce que vous mangerez, bien qu'un repas bon et simple soit un plaisir en soi. Le bonheur vient surtout de savoir que l'on a fait plaisir à ses amis en les invitant, de votre propre plaisir qu'ils aient fait l'effort de venir et, bien sûr, de leur compagnie.

Les choses à faire avant votre mort

214

Faites une liste de toutes les choses que vous aimeriez faire avant de mourir. Ne voyez pas cela comme une activité négative, mais comme une activité qui vous permettra de regarder votre vie en face, de voir où elle va et quel en est le but.

N'hésitez pas à y inclure des choses impossibles à réaliser : vous vous amuserez bien rien que d'y penser. Ensuite, choisissez-en une qui soit viable, et faites des projets pour la concrétiser.

Il arrive si souvent de regarder en arrière et de se dire : « Si seulement j'avais cela à l'époque ». Dorénavant, allez de l'avant et pensez de manière constructive en vous demandant : « Qu'est-ce que peux entamer maintenant, et que je serai heureux d'avoir accompli à l'avenir ? »

Bonheur instantané

FAITES DES PROJETS !
Y a-t-il quelque chose que vous voulez faire ? N'attendez pas qu'il soit trop tard. Faites-le maintenant !

215 — L'aube vient toujours

Bonheur instantané

CHERCHEZ LA LUMIÈRE

Quand vous sentez que vous êtes dans le noir et que vous n'y voyez goutte, reprenez courage et cherchez la lumière, et elle viendra.

Gardez la conviction dans votre cœur, même à vos heures les plus sombres, que l'aube vient toujours. La lumière suit toujours l'obscurité, l'espoir naît toujours du désespoir; même les circonstances les plus tristes peuvent s'améliorer. Lorsqu'on voit les choses sous cet autre jour, des situations et des problèmes qui nous paraissaient insondables auparavant s'éclaircissent et nous permettent ainsi d'entrevoir des voies sur lesquelles avancer. Gardez cette certitude en vous, et elle vous réchauffera le cœur dans les mauvais moments.

Les chandelles de la nuit ont fini de brûler et le jour joyeux se dresse sur la pointe des pieds sur les sommets brumeux de la montagne

William Shakespeare

Voyez la vie en rose

216

Regardez le monde à travers des lunettes roses. Elles vous aideront à voir le bon côté des choses, le meilleur en chacun, et l'humour de la situation. Elles vous rempliront d'enthousiasme et du sentiment de pouvoir faire face à tout ce qui arrive.

Comme tout le monde, vous aurez votre lot de soucis et de déceptions dans la vie. personne ne peut y échapper, mais vous y ferez face bien plus facilement et votre existence sera d'autant plus heureuse que vous aurez décidé de voir les choses avec optimisme.

Bonheur instantané

LA VIE DU BON CÔTÉ

Voir la vie en rose, c'est voir les choses sous leur meilleur jour, et cela rend heureux.

217   Test psycho pour couple

Vous et votre partenaire connaissez-vous les choses préférées de l'un et de l'autre? Pourquoi ne pas vous amuser à créer un questionnaire personnel qui soit unique à votre relation? Les réponses vous fourniront des tas de sujets de conversation, et c'est une bonne occasion de combler les zones d'ombre dans votre connaissance de l'autre. Cette expérience vous aidera à vous connaître encore mieux. Mettez le questionnaire à jour de temps à autre, car il est aussi fascinant de voir de quelle façon vous changez tous les deux.

Faites-vous pèlerin 218

Imaginez-vous comme un pèlerin sur la route de la vie. En chemin, appréciez la compagnie des autres et apprenez de vos expériences et des leurs.

En voyant chaque jour comme un voyage, vous verrez la promesse du commencement et serez à l'écoute des bonnes choses qui vous arrivent en route. Ayez le sentiment d'être un pèlerin en quête de spiritualité et ressentez le caractère merveilleux de l'existence.

Utilisez le don de la vue. Ne manquez rien et partagez la joie des autres.

David Baird

219 | Amusez-vous à peindre

Essayez donc de peindre juste pour vous amuser, même si vous n'avez pas tenu un pinceau ou un crayon depuis l'école primaire. Il ne s'agit pas d'être un bon artiste, mais de s'amuser.

Vous aimerez peut-être les dessins au pastel, qui donnent des résultats excellents en peu de temps, surtout si l'on a très peu d'expérience, mais tout support et tout matériel fera l'affaire. Utilisez les couleurs qui vous plaisent et mariez-les comme vous le souhaitez. À vous de choisir si vous voulez réaliser quelque chose d'abstrait, d'impressionniste ou de réaliste. Contentez-vous d'apprécier les couleurs, les formes et le contact des pinceaux ou des crayons.

Acceptez nos différences

220

Il est important d'accepter le fait que tout le monde ait des styles de vie différents, des talents différents et des chances différentes dans la vie. Une fois que l'on sait cela, on peut alors réprimer les sentiments d'envie ou de jalousie et cesser de s'apitoyer sur son sort, ce qui peut être un immense soulagement. On cesse de se comparer systématiquement avec autrui, et on est alors libre d'apprécier tout ce que l'on a et d'utiliser au mieux toutes ses capacités et ses possibilités comme des occasions de bonheur continu.

La pensée du jour

ÇA SUFFIT !

Cesser de toujours comparer permet d'être heureux d'être soi-même.

221 — Succès quotidiens

Les petits succès quotidiens donnent la pêche jusqu'au jour suivant. Ils peuvent prendre n'importe quelle forme : peut-être avez-vous trouvé par hasard quelque chose qui vous plaît dans un magasin, et qui a satisfait votre instinct ancestral de chasse et de cueillette, ou peut-être avez-vous réussi à écrire une lettre que vous vous étiez promis d'écrire depuis longtemps. Vous avez, pourquoi pas, essayé une recette qui avait l'air délicieuse, et votre expérience s'est avérée succulente.

Vous trouverez sans doute des tonnes d'idées par vous-même. Le simple fait de vous dire : « Alors, que vais-je réussir aujourd'hui ? » vous procurera une grande motivation.

Soyez aimable

222

Si vous vivez avec d'autres personnes, mettez un point d'honneur à être aimable et gentil envers elles. Cultivez une proximité plaisante et agréable. Vivre ensemble dans une ambiance de respect, d'encouragement, de soutien et bien sûr, d'amour mutuels est ce qui se rapproche le plus d'un paradis sur Terre.

Qu'est-ce qui vous manquerait ?

223

Les personnes que l'on aime contribuent en grande partie à notre bonheur. Imaginez que l'une d'entre elles ne soit plus là ; qu'est-ce qui vous manquerait ? Sa présence, l'amour que vous partagez, vos plaisanteries, vos conversations ? Sa voix ? Son visage ? Ses défauts ? Appréciez chaque moment qui vous est donné, aimez vos proches et appréciez leur amour.

224 — Structurez votre journée

Que vous soyez employé, étudiant ou sans emploi, structurer votre journée est très important et contribue au bonheur et à la satisfaction.

Ainsi, chaque matin, faites un plan sommaire ou détaillé de la manière dont se déroulera votre journée. Soyez ambitieux, bien entendu, quant à la quantité de choses que vous pouvez accomplir dans un certain laps de temps, mais pas trop ambitieux non plus, afin de ne pas vous décourager avant de commencer. Élaborez un programme qui soit faisable.

Assurez-vous d'y inclure des tâches que vous aimez et d'autres activités stimulantes pour donner à votre journée un rythme enjoué et une bonne cadence.

Sortez des sentiers battus — 225

Parfois, lorsque deux choix s'offrent à nous, l'un est sage et peut-être conventionnel, tandis que l'autre demande du courage et sans doute une petite dose de folie.

Le bonheur sera le plus souvent au bout d'une voie prévisible, surtout si vous avez des enfants à élever; mais il est bon, au moins de temps en temps, de sortir des sentiers battus.

La pensée du jour

ÉCOUTEZ VOTRE INTUITION

Lorsque votre intuition vous dit de prendre un chemin différent, écoutez-la. Elle ne vous décevra pas.

> *Deux routes divergentes se traçaient dans les bois, et moi, je pris celle qui était moins fréquentée, ce qui fit toute la différence.*
>
> **Robert Frost**

226 — Voyagez en bateau

Faites quelque chose de différent : partez en bateau. Que ce soit sur un bateau à moteur ou un voilier, vous sentirez l'appel du large et le vent dans vos cheveux. En mer ou sur un lac, rien ne vaut la sensation procurée par le vent dans les voiles ou un moteur qui vous fait vous envoler à la surface de l'eau.

Le vent sur votre visage, les embruns salés et la sensation de liberté sont tous enivrants, et l'impression de maîtriser l'énergie des éléments naturels à bord d'un voilier fera des miracles pour votre confiance en vous. Vous vous sentirez en paix avec la nature, et ce sera une expérience passionnante et inoubliable.

Bravez les tempêtes

227

Lorsque les nuages noirs pointent à l'horizon, que ce soit au propre ou au figuré, on prend des mesures sensées pour s'y préparer. S'il se met à pleuvoir, par exemple, on enfile un ciré et des bottes. S'il fait froid, on s'emmitoufle chaudement. S'il gèle, on chauffe davantage sa maison.

Le même principe s'applique aux climats émotionnels : vous verrez qu'il y a toujours un remède. Vous pouvez vous mettre à l'abri et vous tapir un moment, ou vous montrer courageux et affronter ce qui vous arrive. Si vous utilisez toutes vos ressources, vous verrez qu'il vous sera plus facile de traverser les périodes difficiles de la vie, et vous vous sentirez plus heureux par-dessus le marché.

La pensée du jour

APRÈS LA PLUIE VIENT LE BEAU TEMPS

Quand la tempête menace ou fait rage, résistez du mieux que vous pouvez, et rappelez-vous toujours qu'après la pluie vient le beau temps. Cela vous redonnera courage.

228 — Pas de commérages

La pensée du jour

N'AYEZ PAS PEUR D'ÊTRE GENTIL

Quand une personne est tournée en dérision, refusez de prendre part aux moqueries et, si possible, prenez sa défense. Ne faites pas de cas des gens cyniques qui raillent votre gentillesse, car c'est elle qui vous fera vous sentir bien.

Efforcez-vous de ne pas prendre part aux commérages sur les autres gens, même si les personnes présentes vous traitent de « Candy ». Cela perturbe toujours les gens lorsqu'ils se rendent compte qu'ils sont désagréables ou cancaniers.

Assurez-vous de n'être pas simplement moralisateur ou pharisaïque, et n'insistez pas si c'est le cas. Sinon, dites-vous et dites aux autres, s'ils continuent à vous taquiner, que Candy est heureuse et aimée de tous, alors pourquoi ne pas vouloir lui ressembler?

Trouvez un second souffle | 229

Avez-vous déjà fait usage de ce phénomène incroyable que l'on appelle le second souffle? Il arrive quand on croit avoir dépensé toute son énergie et ne pas pouvoir continuer; soudain, on se rend compte qu'il nous reste des réserves d'énergie dans lesquelles puiser.

En faisant du sport, vous pouvez identifier un moment où la difficulté cesse de se faire sentir, et où l'activité devient agréable, presque sans effort. C'est un sentiment fabuleux. Habituez-vous à utiliser ce second souffle dans tout ce qui demande des efforts, que ce soit un projet professionnel ou personnel. Dépassez le stade de résistance initiale, et savourez le fait de vous sentir pousser des ailes et de vous donner à fond!

230   *Réalisez un film*

Quand vous lisez un roman que vous aimez, imaginez-vous en train d'en réaliser la version filmée. Amusez-vous à réfléchir aux scènes et aux décors. Quels acteurs choisiriez-vous pour les rôles principaux ? À présent, visualisez la première du film. Qui inviteriez-vous à la projection ? Quels vêtements porteriez-vous et quelle sorte de fête donneriez-vous ensuite ? Savourez ce rêve créatif et enivrant. Décider de la manière dont on mettrait en scène une histoire que l'on aime et qui l'on y ferait jouer est une façon créative de faire durer le plaisir d'un livre.

Souriez !

231

Quand le sourire que nous adressons aux autres est authentique, c'est-à-dire quand il accompagne une pensée généreuse ou un accueil chaleureux, le plaisir de leur réaction nous est renvoyé. Vous remarquerez que sourire est bon pour le moral et pour le corps : étirer les muscles du visage ne détend pas que le visage, mais aussi toute la posture, et cela déclenche la sécrétion d'hormones du bien-être dans le cerveau.

La pensée du jour

TOUT SOURIRE

Souriez à tout le monde. À chaque fois, vous y prendrez plaisir et en donnerez par la même occasion.

Quelqu'un m'a souri aujourd'hui
Quelqu'un m'a montré
un visage aimable,
Il est surprenant de voir
comme un sourire peut être bon
Comme il laisse tous les nuages
noirs derrière lui.

Paula Roberts

232 — Achetez des fruits frais

Achetez des quantités de fruits frais que vous empilerez dans une jolie corbeille à fruits sur la table de la cuisine. Chaque fois que vous la regarderez, vous sentirez le bonheur monter en vous à la vue de cette corbeille saine et appétissante comme un chef-d'œuvre de peinture, à la différence près que vous pouvez en manger le contenu.

Les fruits symbolisent la providence et l'abondance, une belle image en soi, et ils sont bons à la fois au goût et pour la santé. Vous aurez donc tout bon pour votre bonheur!

Acquérez une compétence technique   233

Il est extrêmement satisfaisant d'acquérir une compétence technique, surtout lorsqu'il s'agit de quelque chose que vous pensiez ne pas pouvoir faire. Vous pourriez vous initier à un artisanat traditionnel comme la menuiserie, ou quelque chose de plus contemporain comme l'informatique ou l'Internet. Pour en tirer le plus de plaisir possible, choisissez quelque chose qui vous est totalement étranger et que vous avez un peu peur de faire. Le sentiment d'accomplissement que vous procurera l'apprentissage et la maîtrise d'une nouvelle compétence est formidable. Oui, vous pouvez le faire! Allez-y doucement, pas à pas, et vous y arriverez sans problème.

234 — Abandonnez les griefs

Abandonnez toujours les griefs avant de vous coucher le soir. Ne vous endormez pas sur une dispute ; réconciliez-vous avec votre partenaire ou dissipez toute contrariété entre vous avant de trouver le sommeil.

Si vous vous êtes disputé pendant la journée avec un ami ou un collègue, écrivez sur un morceau de papier un serment de résolution du conflit pour le lendemain matin, et dites une prière de paix et de bonne résolution. Ainsi, votre subconscient se mettra au travail pour trouver des moyens de faire la paix et/ou de résoudre les différends tandis que vous vous abandonnez aux bras de Morphée.

Dites oui et non

Appréciez le fait de pouvoir dire «oui» et «non» aux petites douceurs. Savourer un petit morceau de gâteau plutôt que de vous goinfrer de deux parts entières vous procurera davantage de plaisir et prouvera votre capacité à apprécier les bonnes choses tout en limitant raisonnablement votre penchant pour les sucreries : satisfaction garantie sur tous les plans ! Savoir où s'arrêter n'enlève rien au plaisir : lorsqu'on accepte ses limites, non seulement on augmente le délice de l'expérience, mais cela fait aussi des miracles pour l'amour-propre.

La pensée du jour

EXIT LA CULPABILITÉ

Quand on sait que l'on peut dire «non» tout comme on peut dire «oui», alors le facteur culpabilité disparaît, et laisse le plaisir de l'expérience gastronomique intact.

236 — Traitez la dépression

Lorsque la dépression vous envahit, comme cela peut arriver à tout le monde, usez de votre propre mélange de distractions et de stratégies de guérison afin de repousser cet intrus hors de votre vie et d'y accueillir de nouveau le bonheur. Accélérez son départ en essayant d'abord de voir ce que vous pouvez faire pour vous ménager un répit face à cette situation.
Le premier bon réflexe consiste à consulter son docteur. Ensuite, vous pourriez par exemple danser, dormir, faire du travail bénévole ou parler avec un psychologue. La méditation, par ailleurs, est incroyablement utile à la guérison, tout comme la lecture d'ouvrages écrits par des personnes ayant vécu la dépression et l'ayant surmontée.
Lorsque la dépression semble enfin plier bagage, accueillez à bras ouverts le retour du bonheur dans votre vie.

Soyez aimable envers vous-même — 237

Traitez-vous comme vous aimeriez que l'on vous traite : avec bonté, encouragements, tendresse et amour.

En étant aimable envers vous-même et envers autrui, vous donnerez à voir un bon exemple à suivre. En étant témoins de votre respect de vous-même, les autres seront bien plus enclins à vous traiter comme il se doit ! De plus, en étant bon envers vous-même, vous créerez naturellement un environnement propice au bonheur. Profitez-en.

La pensée du jour

LAISSER VENIR LE BONHEUR

Le bonheur vient tout seul lorsqu'on se traite avec amour.

238 — Chassez la colère

Lorsque quelque chose qui vous tenait à cœur prend fin, que ce soit une relation, un moment heureux ou un travail, ne vous y accrochez pas, mais passez à l'étape suivante de votre vie. Appréciez la chance que vous avez eue, mais désamorcez tout sentiment de possession persistant et chassez toute colère qui monte en vous. Là! c'est beaucoup mieux, non? Oui, vous pouvez retrouver le bonheur!

239 — Un accueil chaleureux

Lorsque quelqu'un vous rend visite, réservez-lui un accueil chaleureux et éteignez la télé ou la radio. La personne s'en sentira flattée, et rien ne viendra distraire votre attention ni la sienne. Prenez sa compagnie comme un don; concentrez-vous l'un sur l'autre avec intérêt et cordialité, et cette visite sera pour vous deux un grand moment de bonheur.

Profitez pleinement de la vie — 240

Profitez pleinement de votre vie, de votre chance, de vos talents et de vos capacités. Savourez vos succès et affichez votre bonheur. Être heureux de votre sort donnera aux autres l'occasion de partager votre enthousiasme et votre joie. Ne cachez pas vos talents ni votre amour de la vie. Accueillir votre bonheur comme un roi l'incitera à rester, ou du moins à vous rendre visite très souvent. Votre ouverture et votre franchise aideront les autres plus que vous ne l'imaginez.

> *Notre destin à tous est de briller, comme le font les enfants. Nous sommes nés pour rendre manifeste la gloire de Dieu qui est en nous.*
>
> **Nelson Mandela**

241 — Un temps pour tout

Il y a un temps pour travailler et un temps pour s'amuser, même si parfois, le travail déborde sur le temps libre. Donnez-vous pour règle générale d'opérer une séparation nette entre le travail et les loisirs. Ainsi, lorsque vous franchissez cette frontière en quittant le travail et quoi que vous fassiez pour vous détendre, vous vous sentirez totalement libre de vous divertir et vous aurez vraiment la sensation de le mériter. Votre temps de détente est un trésor que vous devez chérir et garder avec soin. Lorsqu'il est temps de se détendre, savourez pleinement ce moment.

Soyez patient

242

Plus que toute chose, soyez patient. Une fois que vous vous détendrez et que vous adopterez une attitude patiente, vous vous sentirez bien. Les autres suivront votre exemple et se détendront eux aussi; vous créerez donc, par votre attente patiente, une atmosphère de contentement calme et paisible. Les gens et les choses avancent au rythme qui leur convient, alors pourquoi s'inquiéter? Parfois, une situation demande à être changée dans l'immédiat, auquel cas l'impatience peut faire avancer les choses, mais en général, une approche douce et calme donne de meilleurs résultats et crée du bonheur partout où elle passe.

La pensée du jour

LES VERTUS DE LA PATIENCE

La patience a ses vertus dans la plupart des situations, et agit en particulier sur l'équilibre personnel.

check-list 8 — *Quels progrès ?*

Que vous ayez essayé plusieurs idées ou une seule ce mois-ci, il est bon de méditer sur ce que vous avez choisi d'essayer et pourquoi, et de voir si cela vous a réussi.

1. Combien d'activités avez-vous essayées ce mois-ci ?
- 1–3 activités ☐
- 4–10 activités ☐
- 11–20 activités ☐
- 21–30 activités ☐

2. Combien de ces activités avez-vous renouvelées plusieurs fois au cours du mois ?
- 1–3 activités ☐
- 4–10 activités ☐
- 11–20 activités ☐
- 21–30 activités ☐

3. Quelles activités ont eu un effet positif sur votre humeur ce mois-ci ?

Utilisez la page ci-contre pour consigner ce qui vous a réussi et ce qui ne vous a pas réussi.

Notes, remarques et pensées

243 — Jouez aux cartes

Jouer aux cartes est une activité intéressante, sociable, très amusante et qui permet d'ouvrir l'esprit, alors pourquoi ne pas inviter votre famille ou vos amis à se joindre à vous pour un jeu de cartes? C'est une excellente occasion de prendre part à une activité de groupe, et les gens qui jouent aux cartes ensemble forment souvent des amitiés très solides.

En plus du plaisir sur le moment, vous serez marqué par les rires et l'esprit de compétition; vous garderez sans doute un souvenir précis de certaines parties, même des années après, et vous pourrez alors vous remémorer la joie que vous avez ressentie.

Cessez d'être une victime — 244

Lors d'un choc ou d'un accident, nous nous demandons trop facilement « pourquoi moi ? ». Au lieu d'avoir ce réflexe, demandez-vous plutôt « pourquoi pas moi ? », et vous cesserez aussitôt de vous sentir victime.

Nous vivons dans un monde où le hasard est souvent total, mais nous sommes loin d'être impuissants. Quoi qu'il vous arrive, vous avez la capacité d'y faire face du mieux que vous pouvez. La force viendra vous aider à surmonter cette situation, et le bonheur finira bien par vous revenir.

245 — Remplissez des pages

Bonheur instantané

PAGES PERSO
Écrire ses pages personnelles est un excellent moyen de commencer ou de terminer une journée.

Écrire spontanément tous les jours incite à la créativité et prépare à passer une journée réussie, quoi que l'on fasse. Prenez l'habitude d'écrire deux ou trois pages quotidiennement. Le mieux est de le faire à la main, dans votre journal intime si vous le souhaitez, mais vous pouvez aussi taper à l'ordinateur si vous préférez.

Déversez tout ce qui vous vient à l'esprit. Laissez couler les mots, et vous verrez qu'ils viendront bientôt tous seuls. Parfois, vous n'écrirez que du charabia, mais d'autres fois, vous vous retrouverez peut-être à raconter une histoire, à consigner des notes quotidiennes ou à produire des textes magnifiques en prose ou en vers. Cette activité vous procurera une poussée d'adrénaline sur le moment, et vos textes vous fourniront de la lecture pour les années à venir : vous pourrez passer des heures à sélectionner vos meilleurs passages, activité passionnante s'il en est.

Parlez le même langage

246

Pour avoir des conversations agréables et sincères avec qui que ce soit, faites l'effort de parler le même langage, sans quoi vous courrez le risque de parler sans vous comprendre, ce qui est frustrant pour l'un comme pour l'autre. Il est parfois tentant de foncer droit devant soi en se répétant à l'identique et en s'agaçant de ce que l'autre ne comprend pas. Ralentissez et demandez-vous comment vous pouvez mieux vous expliquer, mieux vous faire comprendre et mieux comprendre l'autre.

Souvent, la solution est simplement de vous écouter mutuellement au lieu de vous inquiéter de ce que vous voulez répondre. Ensuite, quand c'est à votre tour de parler, exprimez ce que vous tentez d'expliquer d'une autre manière. Vous pourriez bien tout à coup vous retrouver sur la même longueur d'ondes, et vous vous sentirez tous deux sereins et détendus.

247 — Essayez la discussion joyeuse

Une discussion positive et joyeuse est sans doute le premier pas vers la concrétisation d'un rêve. Parler de vos aspirations avec votre partenaire ou avec quelqu'un d'autre en qui vous avez confiance permettra à vos idées et à votre optimisme de s'exprimer librement. Vous vous donnerez ainsi l'espace nécessaire pour mettre vos projets sur pied, et vous entretiendrez votre esprit d'aventure et d'anticipation.

> *Joyeuse, joyeuse, joyeuse discussion. Parlez des choses que vous aimeriez faire... Si vous n'avez pas de rêves, comment donc allez-vous réaliser vos rêves ?*
>
> **Rogers and Hammerstein**

Faites du bricolage 248

Il est amusant de faire quelque chose de concret et d'utile en offrant à votre maison un cadeau fait main. Le sentiment d'accomplissement une fois la tâche terminée allumera tous vos voyants de bonheur, alors si vous avez des choses qui ont besoin d'être faites chez vous, allez-y, lancez-vous dans le bricolage!

L'investissement dans un projet, de l'idée initiale aux touches finales en passant par les sorties dans les magasins pour se procurer le matériel, procure le sentiment agréable d'avoir un but. L'élan de bonheur continuera de vous porter même après avoir terminé, car vous pourrez être fier de vous et admirer votre création!

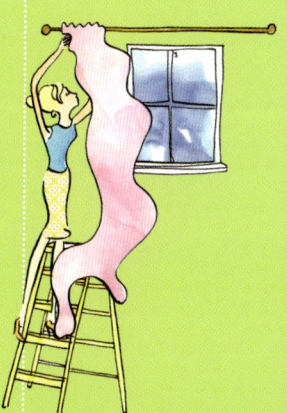

249 — Mangez plus lentement

La pensée du jour

REPAS DE FÊTE
Manger lentement fait du repas le plus simple une fête.

Manger est l'un des plaisirs de la vie, alors profitez-en au maximum en mangeant lentement : vous verrez que votre joie en sera décuplée. Pour ce faire, vous devrez mâcher minutieusement vos aliments, car cela permet non seulement de savourer le goût des aliments aussi pleinement que possible, mais facilite également la digestion. Le résultat final sera une sensation de calme et de plaisir tranquille.

Lorsque vous mangez quelque chose, assurez-vous de vous asseoir à une vraie table plutôt que de manger sur le pouce. Dressez la table avec soin. Entre deux bouchées, posez vos couverts afin de vous rappeler que rien ne presse.

Acceptez les gens 250

Acceptez les autres, en particulier vos proches, tels qu'ils sont. Vous verrez que le fait de ne pas porter un jugement vous procurera un contentement bien plus grand. Même si l'on pouvait forcer une personne à changer ses habitudes et la modeler comme on le souhaite, il y a de fortes chances qu'elle finirait par revenir à sa vraie nature au bout d'un moment. Sans parler du fait qu'elle n'appréciera sans doute pas le fait que vous la contrôliez.

La meilleure façon d'influencer quelqu'un est de montrer l'exemple : cela peut inciter autrui à vous imiter. Donnez votre opinion ou vos conseils si on vous les demande ; sinon, détendez-vous, laissez les gens être eux-mêmes et aimez-les tels qu'ils sont.

Bonheur instantané

LAISSEZ-LES VIVRE

Faites rayonner votre propre bonheur en laissant les autres être eux-mêmes.

251 — Passé, présent, futur

Trouvez le bonheur dans votre passé, votre présent et votre avenir. Savourez la sensation de bien-être qui persiste longtemps après les heureux évènements du passé, les bons souvenirs et les expériences amoureuses et épanouissantes.

Envisagez l'avenir le cœur joyeux et avancez dans sa direction avec l'espoir et la foi que tout ira pour le mieux. Aujourd'hui, prenez plaisir dans tout ce qui arrive et tirez-en des leçons. Sentez-vous couler parmi le flux des évènements et soyez reconnaissant de cette journée.

252
Anthologie des bons moments

Faites une anthologie des choses qui vous rendent heureux. Commencez par tout ce que vous aimez déjà, et ajoutez tout ce que vous découvrez ou qui surgit dans votre vie et vous procure un frisson de plaisir. Répertoriez toutes sortes de bonheurs, de l'harmonie silencieuse à l'euphorie la plus formidable en passant par le contentement.

253
Soyez curieux

Faites preuve d'une curiosité sans bornes en ce qui concerne la vie : le monde, ce qui vous fait vibrer, ce qui fait vibrer les autres. Une fascination irrépressible pour ce monde extraordinaire qui est le nôtre est une source intarissable de joie. Apprenez sans cesse : c'est un réel plaisir qui sera décuplé à mesure que votre savoir et votre sagesse grandiront.

254 — Bien dans votre corps

Se sentir en bonne santé et aimer son corps, qu'on soit grand, petit, mince ou rond est le meilleur moyen de trouver le bonheur. Quelle que soit votre corpulence et votre état de santé, trouvez du plaisir à vous entretenir et à préserver votre forme, dans les limites du raisonnable. Le mot « raisonnable » est par ailleurs très important, car la santé à tous points de vue ne vient que si l'on trouve du plaisir à l'entretenir.

Faites attention à ne pas trop en faire, que ce soit en termes de sport ou de régime. La santé et le bonheur viendront naturellement si vous prenez soin de vous en travaillant modérément vos muscles, en gardant une ligne sans prendre modèle sur les mannequins des magazines, et en consommant des aliments sains mais aussi savoureux.

Habillez-vous confortablement

255

Si vous vous sentez à l'aise dans vos vêtements, vous aurez plus de chances de vous sentir bien dans votre peau. Portez donc des vêtements non seulement pour leur style, mais pour leur confort : vous pouvez même allier les deux !

Lorsqu'on porte des vêtements qui tombent bien et qui ne sont ni trop serrés ni trop amples, on se sent libre, plein d'assurance et détendu. Le confort fait des miracles pour la confiance en soi, et vous verrez aussi que l'on peut réellement apprécier ce que l'on porte, être satisfait de son apparence et se réjouir d'avoir fait le bon choix. Vous vous sentirez capable de conquérir le monde.

256 — Participez à un marathon

Vous fixer un objectif ambitieux qui demande entraînement et discipline vous récompensera au centuple grâce au flux d'énergie et à de détermination que vous aurez investies ; une fois en marche, cet élan peut vous mener très loin physiquement et mentalement. L'impression d'accomplissement sera immense lors des mois d'entraînement qui précéderont le marathon, au moment de franchir la ligne d'arrivée et longtemps après. Votre endurance à mesure que vous persévérez en dépit des difficultés physiques et de la pression vous fera prendre la mesure de votre force d'âme et vous révélera votre personnalité. Vous en tirerez une véritable euphorie.

Un marathon procure une sensation d'accomplissement inégalée et une joie si grande qu'il est difficile de la décrire.

Richard Lawrence

Exprimez votre appréciation

257

Faites savoir aux gens que vous les appréciez, et remarquez comme ils vous apprécient également : cela fait plaisir à tout le monde, à eux comme à vous. Un professeur a un jour mis en place l'expérience suivante : il a épinglé une feuille de papier au dos de chaque élève; puis ils ont tous noté tour à tour sur chaque feuille les raisons pour lesquelles ils appréciaient chaque personne. C'était une activité très intéressante pour eux que de pouvoir se concentrer sur les choses positives, et chaque élève fut agréablement surpris de pouvoir lire toutes les choses gentilles que tous avaient écrites sur lui. Un vrai rêve!

Rendez-vous compte, ici et maintenant, à quel point vous êtes aimé et admiré, et exprimez aux autres votre estime et votre appréciation.

La pensée du jour

ON VOUS AIME!

Ayez conscience de l'amour qu'on vous porte, sous toutes ses formes.

258 — Aimez de tout votre cœur

La pensée du jour

FAITES LE SAUT

soyez audacieux et ayez le courage d'aimer de tout votre cœur : l'amour en vaut la peine, et vous aussi.

Aimez comme si vous n'aviez jamais souffert et comme si vous ne pouviez jamais souffrir. Vous vous sentirez si différent que vous serez surpris de voir à quel point vous avez bâti des murs autour de vous jusqu'à présent. Il est naturel de penser que si on ne se laisse pas prendre au piège de l'amour, on ne souffrira pas, mais en réalité, vous empêcher d'aimer pleinement sera la cause même de votre souffrance.

Nous avons tous besoin d'aimer. Il est vrai qu'il n'existe aucune garantie en matière d'amour, et vous pourriez bien avoir mal un jour, mais vous en guérirez. Prenez donc le risque d'aimer : cela fait partie de la vie et de la construction du bonheur.

Bâtissez des ponts — 259

Soyez prêt à bâtir des ponts dans votre vie : il est formidable de pouvoir les emprunter et de voir les autres venir à nous depuis l'autre rive.

Même si vous vous êtes brouillé avec quelqu'un et que vous ne souhaitez pas vous réconcilier dans l'immédiat ou si la personne vous évite pour une raison ou pour une autre, soyez prêt à l'accueillir de nouveau dans votre vie si elle en manifeste le désir.

Il est bon pour le moral de savoir qu'on ne garde pas rancune, et si réconciliation il y a, ce sera encore mieux pour vous.

> *La pensée du jour*
>
> **FAITES LA PAIX**
>
> Une volonté de se montrer cordial et conciliant réduit le fossé qui peut séparer des amis, et procure un sentiment de paix réconfortant.

260 Appréciez la lumière du jour

La lumière du soleil nous garde en vie et nous offre également un spectacle magnifique. Elle est à la fois impressionnante et euphorisante. Ainsi, faites comme les artistes et recherchez la lumière en tout temps.

Appréciez ses variations : les jeux de lumière sur les feuilles, sur l'eau, sur les trottoirs ou sur les visages ; la façon dont les rais de lumière trouvent un chemin à travers les nuages, forment les arcs-en-ciel et les reflets, et changent les couleurs.

Prenez un dernier verre

Juste avant de vous coucher, une boisson chaude vous réchauffera et vous procurera une sensation de confort douillet incitant au sommeil. Si vous aimez le lait, c'est un bon tranquillisant naturel, tout comme l'infusion de camomille.

Buvez par petites gorgées, seul ou lové contre votre partenaire sur le canapé, et vous aurez la sensation de vous chouchouter. C'est aussi un rituel apaisant qui vous aidera à vous détendre et à vous préparer au sommeil.

262 — La part du pauvre

Il existait autrefois une coutume selon laquelle on réservait une part de chaque repas pour l'arrivée éventuelle d'un pauvre qui viendrait frapper à la porte de la maison. Rien ne vous empêche de faire revivre cette coutume sous une forme moderne en réservant systématiquement une partie de vos revenus à une œuvre de bienfaisance. En plus des bienfaits pour autrui de votre bonne action, vous serez content de vous-même. Consacrez donc une partie de vos revenus ou de votre temps à une association caritative, et savourez la joie que procure le fait d'aider les autres.

Il est important, cependant, de ne pas trop en faire et de donner plus que vous ne pouvez donner. N'oubliez pas que si vous n'avez actuellement pas les moyens de donner de l'argent, la collecte de fonds ou le bénévolat sont aussi excellents pour le moral.

La musique adoucit les mœurs

263

Plongez-vous dans une œuvre musicale apaisante. Beaucoup de grands compositeurs classiques et modernes croient au fait que la musique leur vient d'une autre dimension, ce qui expliquerait le pouvoir de la musique sur les gens et son attrait émotionnel.

Les scientifiques ont découvert que certaines mélodies, certaines cadences et certains rythmes sont en harmonie avec la capacité de guérison de notre cerveau et de notre corps. Mozart, Brahms, Bob Dylan et Enya viennent à l'esprit, mais vous pouvez choisir d'autres compositeurs ou musiciens qui vous font particulièrement vibrer.

Bonheur instantané

MUSIQUE ET BIEN-ÊTRE

Plus on écoute de la musique au pouvoir apaisant, plus on se rend compte des ses bienfaits. Elle peut faire nager dans le bonheur.

264 — Admirez l'univers

La transcendance est le fait de comprendre que l'univers est bien plus étendu que ce que nous en connaissons, et d'admettre l'existence d'autres dimensions dont même les scientifiques les plus sceptiques reconnaissent l'existence probable mais encore cachée.

Quelles que soient vos opinions, réjouissez-vous du mystère de l'univers et rapprochez-vous en, car cette attitude entraîne un respect de tous les êtres vivants de notre planète. Un sentiment de révérence et d'harmonie avec tout ce qui nous entoure et tout ce qui a pu causer l'existence de ce monde procure une joie sereine.

La théologie, la biologie et la philosophie pratiquées en harmonie sont la fondation de la religion naturelle.

Anon

Aimez vos chaussures — 265

Les pieds, ou plutôt les chaussures, les chaussettes et les bas dont on les pare, ont quelque chose de divin. Pas de quoi se pâmer, mais prenez tout de même la peine de choisir des chaussures qui vous plaisent et qui vous font plaisir à chaque fois que vous les regardez. Ceux qui ne comprennent pas cette fascination riront peut-être, mais pour ceux d'entre nous qui la partageons, les chaussures sont un tel bonheur !

Bonheur instantané

C'EST LE PIED !

Pourquoi porter des chaussures et des chaussettes fades et banales quand on peut choisir des accessoires qui nous aident à nous lever du bon pied ?

266 — Évitez les conflits

La pensée du jour

PENSÉES AMICALES

Si vous avez le mot « amical » en tête et dans votre cœur, la douleur ne pourra pas se transformer en amertume, et votre bonheur vous reviendra vite.

Si une relation tourne au vinaigre, ne stagnez pas dans un cycle de reproches et de colère. Sortez du conflit et refusez de vous disputer une minute de plus ou d'en faire une obsession. L'espace neutre que cela vous fournira vous donnera l'occasion de vous rappeler l'amour que vous avez partagé et que vous partagez peut-être encore. L'inspiration vous viendra ensuite plus facilement pour guérir la blessure et résoudre, ou du moins gérer, les différences de façon amicale.

> *Il en a toujours été ainsi : l'amour ne connaît pas sa profondeur avant que ne vienne l'heure de la séparation.*
>
> **Kahlil Gibran**

Dites merci

Lorsque quelqu'un fait quelque chose pour vous, mettez toute votre énergie au service d'une réaction enthousiaste. En disant quelque chose comme : « Tu es le meilleur, merci du fond du cœur! », vous lui ferez extrêmement plaisir, et il sentira à quel point vous appréciez son geste. Vous l'encouragerez aussi, comme vous encouragerez d'autres personnes et vous-même, à continuer à faire de son mieux pour autrui.

268 — Militez pour la démocratie

Militez pour la démocratie chez vous et au travail. La démocratie, où tout le monde est pris en compte et a son mot à dire sur la manière dont les choses sont gérées, est un lieu confortable et nourrissant. Chacun peut s'y épanouir et les dirigeants naturels ou ceux qui sont dans l'obligation de diriger, comme les patrons ou les parents, se révèlent naturellement et trouvent le soutien des autres.

Soyez une force positive — 269

Puisqu'on vous dit que vous pouvez changez les choses! Vous pouvez réduire votre empreinte carbone de différentes façons. Vous pouvez être bénévole pour une association caritative qui aide les pays dévastés par la guerre à se relever. Vous pouvez faire part de vos opinions à vos élus quant aux mesures à prendre pour la paix dans le monde, l'entraide et la solidarité. Vous pouvez être une force positive dans votre quartier. Vous pouvez aider à la préservation de la faune et de la flore et des campagnes. En silence ou tout haut, vous pouvez aider le monde. Ayez cette conviction dans votre cœur, et il résonnera d'espoir pour un avenir meilleur.

270 Amoureux

Être amoureux est une question d'hormones et de phéromones, mais c'est souvent un sentiment magique au goût de paradis. C'est une sensation merveilleuse.

Et puis il y a l'amour fondé sur la véritable compatibilité, l'amitié profonde et l'attirance physique durable. Celui-ci n'est peut-être pas aussi vertigineux ni aussi euphorique et ne vous donnera pas toujours la sensation d'être aux anges, mais c'est ce qui ressemble le plus au Paradis sur Terre. Savourez-en chaque seconde.

Waouh !

271

Cherchez des choses qui vous font pousser un « waouh » de surprise ou d'émotion. Si vous cherchez bien, vous en trouverez dans presque tout ce que vous faites. Vous lirez peut-être quelque chose qui vous fera penser : « Waouh, ça c'est intéressant ! », ou « Waouh, ce que c'est bien écrit ! », par exemple, ou vous pourriez avoir un coup de chance ou tomber sur un ami par hasard. Le tout est de le remarquer et de se dire « Waouh ! », et vous intensifierez ainsi la joie que vous ressentez.

272 — En chantant

La vie n'est pas toujours un long fleuve tranquille, et peut même être parfois terriblement mouvementée, mais lorsqu'on traverse les moments les plus pénibles avec un esprit de guerrier courageux, une mentalité de survivant et de l'espoir dans le cœur, le tout en chantant, alors le chant peut transcender tout le reste. Vous y découvrirez une joie inégalable, sans doute du fait de son contraste frappant avec la gravité de la situation.

> Il faut tout simplement continuer à chanter.
> **Rolf Harris**

Faites débat 273

Refaites le monde avec vos amis ou vos collègues. Lancez un débat ou une discussion sur tout sujet qui vous intéresse ou qui soit susceptible de vous intéresser pour peu que vous commenciez à en parler. Si la discussion devient animée, savourez le rythme et l'élan du débat. Rappelez-vous de ne rien prendre pour vous : il s'agit d'explorer différentes opinions, et c'est ce qui rend un débat si passionnant.

La pensée du jour

DISCUTEZ SANS COMPTER !

Discutez de toutes sortes de sujets : cela incite à la réflexion, donne l'occasion de mieux comprendre le sujet et les personnes participant au débat, et permet à tous de se sentir concernés et impliqués.

check-list 9

Quels progrès ?

Que vous ayez essayé plusieurs idées ou une seule ce mois-ci, il est bon de méditer sur ce que vous avez choisi d'essayer et pourquoi, et de voir si cela vous a réussi.

1. Combien d'activités avez-vous essayées ce mois-ci ?
- 1–3 activités ☐
- 4–10 activités ☐
- 11–20 activités ☐
- 21–31 activités ☐

2. Combien de ces activités avez-vous renouvelées plusieurs fois au cours du mois ?
- 1–3 activités ☐
- 4–10 activités ☐
- 11–20 activités ☐
- 21–31 activités ☐

3. Quelles activités ont eu un effet positif sur votre humeur ce mois-ci ?

Utilisez la page ci-contre pour consigner ce qui vous a réussi et ce qui ne vous a pas réussi.

Notes, remarques et pensées

274 — Soyez heureux d'être en vie

Bonheur instantané

ADOPTEZ UN SYMBOLE

Un symbole de contentement dans votre maison, tel qu'un beau bouquet de fleurs, vous incitera à générer des ondes positives avec une attitude aimante.

Une chose simple, mais que nous négligeons souvent, est d'être heureux d'être en vie de l'instant où nous nous réveillons le matin jusqu'au moment où nous endormons le soir.

Se réveiller signifie que l'on peut profiter, pour une journée encore, de ce monde incroyable qui s'offre à nous et de sa mine d'expériences. Tous les matins, réjouissez-vous de tout votre cœur de ce jour nouveau à explorer, et concentrez toute votre énergie à profiter de la vie.

Faites un bilan régulier 275

Plutôt que de traverser votre existence en mode pilote automatique, faites un bilan régulier de votre vie. Demandez-vous où vous êtes, où vous allez et si vous êtes satisfait de votre vie. C'est une bonne idée que de suivre de près ce qui va bien et ce qui ne va pas : cela donne l'occasion de planifier les changements de direction qui s'affichent sur l'écran de contrôle comme des bonnes idées.

Bonheur instantané

MAÎTRISEZ LA SITUATION

Un bilan régulier de votre vie vous permettra de maîtriser la situation et les projets à venir, et cela fait un bien fou !

Personne ne peut revenir en arrière et prendre un nouveau départ, mais tout le monde peut commencer aujourd'hui à changer la fin.

Maria Robinson

276 — Une collection de citrines

Disposez une collection de citrines ou quartz jaune dans la partie sud-ouest de votre maison. Ces pierres symbolisent le bonheur et l'harmonie du foyer, et chassent les émotions négatives en générant un sentiment de sécurité. Elles sont aussi énergisantes et revigorantes car elles restaurent les ressources d'énergie appauvries.

Si cette idée de cristaux ne vous attire pas tellement, vous pouvez choisir un objet qui a pour vous une signification particulière, qui représente un bon moment de votre existence ou quelque chose que vous aimez. Il vous procurera joie et plaisir chaque fois que vous en serez à proximité. Cela peut être un objet décoratif, une sculpture ou un souvenir rapporté de vacances.

Écrivez un poème

Même si vous n'avez jamais essayé auparavant et que vous pensez manquer de talent poétique, essayez d'écrire un poème. Allez-y! Déposez quelque mots sur une page ou retournez-les dans votre tête, et vous verrez que c'est très plaisant.

Vous pouvez essayer d'écrire selon une structure conventionnelle de votre choix, comme le rap ou les simples rimes, ou vous pouvez oser la liberté et simplement vous fixer comme objectif d'écrire quelque chose agréable à écouter. Vous pouvez y exprimer des sentiments profonds ou vous amuser avec des poèmes absurdes, libre à vous! Ce sera votre poème, qui respirera votre propre bonheur.

Bonheur instantané

RIME QUOTIDIENNE
Chaque jour, une rime, adieu la déprime. (Vous ferez sans doute bien mieux!)

278 Soyez ébloui par la Création

Contempler la beauté éblouissante des merveilles naturelles de notre monde procure un sentiment de fascination et d'admiration pour le miracle de la Création.

Vous y découvrirez une sorte de simplicité inhérente à la complexité. Chaque aspect de la Création est un chef-d'œuvre purement et incontestablement supérieur et sublime. Prenez par exemple les aurores boréales : si belles qu'elles vous coupent le souffle et que l'on aimerait se perdre dans leur contemplation pendant des heures. La vue de toute la Création peut générer une joie profonde aujourd'hui et pour toujours.

Bonheur instantané

ÉMERVEILLEMENT

Faites-vous plaisir en vous instruisant sur les merveilles du monde et en contemplant leur beauté.

Écoutez des sons apaisants

279

Écoutez les sons de la nature : le chant des oiseaux, le murmure du vent, le gazouillement d'un ruisseau, le clapotis des vagues sur la plage. Ils évoquent l'intemporalité et la beauté de la nature, et procurent un sentiment d'appartenance au monde.

Chaque son porte en lui sa propre joie et, comme la musique humaine, trouve son écho en nous. Ses vertus apaisantes et son pouvoir de guérison nous apportent une satisfaction silencieuse.

Bonheur instantané

ÉCOUTEZ LA NATURE

La musique de la nature a le don de nous mettre sur la fréquence du bonheur.

280 — Dites une prière

Bonheur instantané

PRIÈRE DU SOIR

Faire part de ses inquiétudes à instance supérieure ôte un poids des épaules, et tout vous paraîtra plus léger le matin suivant.

La nuit est faite pour dormir, se reposer, se reconstituer et se ressourcer. En demandant à l'univers ou à Dieu de prendre le relais et de s'occuper de problèmes cruciaux pendant que vous vous reposez, vous préserverez la qualité de votre sommeil. Vous vous réveillerez le lendemain frais et dispos et serez de nouveau sur pied avec l'énergie et la capacité nécessaire pour faire face à ce que la journée vous réserve. Il est si bon de sentir un renouveau de confiance en soi et en l'avenir.

Ayez votre héros

281

Qui sont vos héros ? Peut-être des personnes que vous connaissez bien et que vous admirez, ou de parfaits étrangers, sans doute des gens célèbres qui vous inspirent. Si vous sentez que vous avez besoin d'une personne qui vous montre le chemin et que vous peinez à en trouver une, inventez-vous un héros idéal et imaginez qu'il est là, près de vous. Que vous dirait-il ? Que ferait-il ? Suivez-le et vous partagerez sa force. Il est très motivant d'avoir un ou des héros.

Bonheur instantané

SUIVEZ LE GUIDE

Avoir quelques héros que l'on admire dans la vie peut vous inspirer. Le simple fait de penser à eux donne des forces et remonte le moral.

282 — La palette du peintre

Quelles sont les couleurs qui vous font vibrer de bonheur ? Apprenez à connaître vos couleurs préférées et les nuances qui vous parlent le plus, et accordez-leur une place privilégiée. Vous pouvez les porter sur vous ou choisir des meubles ou des objets de décoration de vos couleurs de prédilection. Vous pouvez aussi acheter de la peinture, la disposer sur une palette et vous amuser, comme Matisse, à créer votre propre chef-d'œuvre de coloriste.

283. Adressez-vous à un prophète

Si vous n'êtes pas certain de savoir ce que vous devez faire concernant une question morale, un moyen rapide de clarifier la situation est d'imaginer ce qu'une des grandes figures religieuses vous conseillerait. Par exemple, vous demander ce que Mahomet ou Jésus Christ dirait permet d'éviter tout réflexe de critique susceptible de fausser votre jugement du problème.

284. Soyez modéré

La modération en toutes choses est un bon principe pour atteindre le bonheur. Trop de bonnes choses atténue, voire gâche le plaisir que l'on peut ressentir, et trop peu n'est pas satisfaisant. Tout ce dont nous avons besoin est d'avoir « juste assez » et de savoir que l'on connaît ses propres limites et que l'on s'y tient, ce qui procure une grande satisfaction en soi.

285 — Remarquez les petites choses

Souvent, en attendant la venue de grandes choses et d'évènements fabuleux, on peut passer à côté des petites choses. Le simple fait de remarquer ces petits évènements quotidiens les transformera en rayon de soleil pour votre vie.

Par exemple, pensez à tous les petits gestes que vous faites ou que les autres font, chaque sourire que vous donnez ou recevez et les rires qui vous animent. Chaque enthousiasme, chaque inspiration, chaque pensée noble ou geste touchant que vous observerez brilleront de mille éclats.

Faites reluire quelque chose — 286

Polir quelque chose pour le faire briller procure une grande satisfaction. Vous pouvez polir de l'argenterie, du cuivre ou du laiton, si vous en avez, ou encore des chaussures en cuir, un sol carrelé ou des meubles en bois.

Vous serez ravi du résultat final, bien sûr, car vos objet ternis ou blafards retrouveront le lustre de leurs premiers jours, mais le mouvement de polissage lui-même sera propice à la méditation, et il est agréable de voir les objets commencer à reluire. La satisfaction que vous en tirerez vous fera rayonner de bonheur à votre tour.

287 — Soyez un meneur

La pensée du jour

L'ART DE L'ASSURANCE
- Pensez avec assurance
- Soyez assuré
- Ayez l'air assuré
- Inspirez l'assurance

Adoptez un état d'esprit de meneur, et il se reflétera instantanément sur votre langage corporel. Vous aurez bientôt davantage confiance en vous et serez donc plus heureux. Votre allure, votre posture et vos mouvements changeront et vous aurez l'air sûr de vous et à la hauteur. Vous inspirerez tellement les autres qu'ils vous suivront avec joie et confiance. Ce sera un sentiment formidable pour vous et pour tous ceux qui vous entourent.

Si l'on regarde le siècle prochain, on voit que les meneurs seront ceux qui donnent le pouvoir aux autres.

Bill Gates

Observez des oiseaux

La prochaine fois que vous en avez l'occasion, prenez le temps d'observer les oiseaux voler en groupes. Leur vol de précision est un miracle de communication, de coordination et d'expertise. C'est un ballet d'une beauté incroyable qu'aucune danse humaine ne pourrait jamais égaler, et si vous avez la chance d'être dans un endroit silencieux, vous entendrez également la musique de leur vol, musique merveilleuse !

> *Observer des oiseaux voler en groupe est tout simplement formidable, et me procure un sentiment de joie.*
>
> **Mary Wood**

289 — Soyez attentif à la tâche

Lorsque vous effectuez un travail par vous-même, appréciez l'occasion d'être attentif et concentré sur la tâche en cours, et savourez votre application et votre attention.

Lorsque vous travaillez avec quelqu'un d'autre ou au sein d'une équipe, appréciez l'association d'efforts, la cadence à laquelle vous avancez et la camaraderie que vous partagez. Dans un cas comme dans l'autre, ce sera un plaisir de travailler.

*Se rassembler est un début.
Rester soudés est un progrès.
Travailler ensemble
est une réussite.*

Henry Ford

Vive la nostalgie

290

Bien qu'il soit bon, la plupart du temps, de profiter du moment présent et de regarder devant soi avec optimisme, il est agréable, de temps en temps, de se laisser aller à la nostalgie en pensant aux bons moments passés. Vous pourriez par exemple ressortir des albums de famille, ou parcourir en pensée la maison de votre enfance. Vous pourriez regarder un des premiers films que vous avez vus au cinéma, ou vous rendre sur les lieux que vous fréquentiez durant votre adolescence. Ah, comme c'était bien, et quel bien fou cela fait de se remémorer tous ces souvenirs!

Bonheur instantané

BONS MOMENTS

Lorsqu'on se rappelle les bons moments du passé, les sentiments que l'on ressent sont souvent aussi intenses qu'ils l'étaient à l'époque.

291 — Aimez votre vie telle qu'elle est

Regrettez-vous parfois de ne pas être célèbre? Pensez-vous que cela vous rendrait plus heureux que vous ne l'êtes à présent? Eh bien, vous avez sûrement autant de chances, si ce n'est plus, d'être heureux en menant une existence calme et loin des projecteurs qu'en étant mondialement connu.

Dans tous les cas, le secret est d'aimer la vie que l'on a et de ne pas désirer ce que l'on n'a pas. Bien sûr, certaines célébrités aiment leur popularité, mais beaucoup d'entre elles ne l'aiment pas et en souffrent. Des milliards de gens, en revanche, sont très heureux de vivre une existence simple et modeste, et apprécient l'anonymat de leur vie privée.

Faites des choix raisonnés

292

La dignité consiste à faire des choix raisonnés dans la vie. Il est donc important d'entretenir droit et votre capacité à faire ces choix. Soyez heureux de tracer votre propre chemin de vie, faites de votre mieux et avancez la tête haute.

Gardez précieusement votre dignité, et ne laissez rien ni personne ne vous la prendre. Tâchez également de faire preuve de compassion envers autrui comme envers vous-même. Aider les autres à garder leur dignité sera aussi bénéfique pour vous que pour eux.

293 — Laissez votre empreinte

La pensée du jour

TRACES
Laissez des traces aussi belles que possible dans ce monde.

Chaque fois que vous accomplissez quelque chose avec amour, avec créativité ou avec grand talent, vous laissez une empreinte personnelle et unique qui ne s'effacera jamais et qui restera comme gravée dans l'éternité. Cette pensée ne vous inspire-t-elle pas ? Gardez-la dans votre cœur et choisissez de laisser votre empreinte là où vous voulez dans ce monde en accomplissant quelque chose dont vous serez fier.

Tombe la neige

294

La neige est si précieuse. Quel que soit votre âge, regarder la neige tomber vous fera revenir en enfance. Vous pouvez vous contenter de marcher sur la neige et sentir vos pieds s'enfoncer dans ce tapis moelleux avec de petits craquements feutrés, ou vous pouvez faire une bataille de boules de neiges ou de la luge, qui sont des activités exaltantes. Peut-être aimez-vous skier ; si vous êtes débutant, vous rirez encore et encore de vos chutes et de votre maladresse, et si vous êtes un skieur expérimenté, peu de choses sont aussi grisantes que de descendre à toute allure une belle pente neigeuse et soyeuse.

Bonheur instantané

IL A NEIGÉ !

Si une chute de neige arrive à l'improviste ou à un endroit où la neige est peu probable, saisissez l'occasion de profiter de ce grand manteau blanc !

295 — Laissez parler les livres

La pensée du jour

LES LIVRES DE VOTRE VIE

Les livres qui vous parlent et vous accompagnent tout au long de votre vie sont les pièces maîtresses et les clés du bonheur.

Lorsqu'un livre nous parle, c'est comme si nous étions faits l'un pour l'autre, comme s'il avait été écrit pour nous.

Les personnages et les messages nous sont très réels. La première fois qu'on le lit, soit on ne peut le refermer, soit on est très discipliné et on le lit petit bout par petit bout en savourant chaque phrase pour qu'il dure plus longtemps. Ensuite, chaque fois qu'on le relit, il nous devient plus familier, comme un ami de longue date.

> De temps à autre,
> dans une vie, on trouve un livre
> de l'âme, une œuvre qui se grave
> dans notre cœur, que l'on lit
> et relit et dont on tombe
> un peu plus profondément
> amoureux chaque fois.
>
> **Roger Deakin**

Soyez diplomate

296

Parlez avec autant de considération et de sagesse que possible, en tous temps. Faites preuve de tact. Rappelez-vous, lorsque vous piétinez les sentiments d'autrui, qu'ils sont aussi fragiles que du verre. Soyez conciliateur et incitez à la tolérance et à la paix. La civilisation s'effondrerait sans la diplomatie, qui commence chez soi et constitue un des piliers du bonheur.

297

Essayez des choses nouvelles

Faites quelque chose aujourd'hui que vous n'avez jamais fait auparavant. Cela vous revigorera et stimulera votre enthousiasme pour la vie en général. Vous pouvez par exemple vous rendre dans un magasin où vous n'êtes jamais allé, visiter un musée, ou, dans un registre plus social, parler à quelqu'un à qui vous n'avez jamais adressé la parole. Essayer de nouvelles expériences est toujours intéressant et amusant, et peut même vous mener vers de nouvelles joies et de nouvelles inspirations.

Bonheur instantané

EXPÉRIENCES NOUVELLES
La vie regorge d'occasions de faire de nouvelles expériences qui vous font pétiller de bonheur.

Prenez garde au cynisme

298

Il est si facile de devenir cynique si on lit les journaux ou que l'on regarde un peu trop les informations télévisées, car on nous bombarde d'une majorité de mauvaises nouvelles, ce qui peut inciter à éprouver de la méfiance à l'égard de tout et de tous. Cependant, il est important de garder à l'esprit des choses positives et d'être prêt à faire confiance à autrui. Les mauvaises nouvelles font la une parce qu'elles sont inhabituelles; les bonnes nouvelles sont légion, mais c'est justement parce qu'elles sont si courantes qu'elles n'ont que peu d'intérêt médiatique. La plupart des gens sont bons et font le bien aussi souvent qu'ils le peuvent; cela vaut la peine de leur faire confiance. Soyez prudent, bien sûr, mais faites confiance aux autres autant que possible.

La pensée du jour

LE MONDE EST GENTIL

Le cynisme fait fausse route, car la grande majorité des gens est bien intentionnée. La confiance est généralement récompensée par d'heureuses conséquences.

299

Surveillez-vous

La pensée du jour

BIEN DANS VOTRE TÊTE
Prendre soin de sa santé mentale est tout aussi vital que de garder une forme physique.

Il est important de surveiller sa santé émotionnelle et mentale. De temps à autre, faites un bilan de votre état d'esprit et demandez-vous si vous êtes satisfait de votre vie.

Si vous vous sentez déstabilisé de quelque façon, demandez-vous comment retrouver l'équilibre. Peut-être avez-vous besoin de plus de repos et de détente. Avez-vous des problèmes à régler dans une relation, quelque chose à changer au travail ; votre inspiration et votre créativité ont-elles besoin d'être ravivées ?

Il est sain de se concentrer sur ce qui ne va pas et de réfléchir à des moyens de rectifier les choses.

Recherchez la médiation — 300

Lorsque vous vous heurtez à un conflit, l'espoir et la possibilité de le résoudre existent. Bien qu'il soit nécessaire de se battre pour défendre la moralité, la vérité et la liberté, il est bon de rechercher la médiation, la réparation et le travail visant à un avenir qui soit bon pour tous et qui apporte la paix intérieure.

Débarrassez-vous d'une habitude — 301

Pourquoi ne pas vous débarrasser d'une habitude que vous savez être mauvaise ? Il est si bon de faire un réel effort pour chasser une habitude néfaste ou dangereuse pour la santé. Faites-vous aider si vous en ressentez le besoin, peut-être en recherchant le soutien d'une personne qui comprend ce que vous traversez. Ce genre de relation est extrêmement thérapeutique.

302 | *Prenez plaisir à manger*

Savourez les nombreux plaisirs culinaires que la vie vous offre. Il y a l'anticipation à la pensée d'un bon repas à venir lorsqu'on cherche à rassembler les ingrédients dans les magasins ; vous pouvez aussi apprécier de dresser une jolie table, et bien entendu vous pouvez aimer faire la cuisine.

Si vous n'aimez pas tellement cuisiner, cependant, regardez des émissions culinaires télévisées ; les chefs qui les animent sont une grande inspiration. Pensez également avec amour à tout le plaisir que vous procurerez non seulement à vous-même, mais à tous ceux pour qui vous cuisinez.

Au beau fixe

303

La météo, avec toutes ses tendances saisonnières et son incertitude quotidienne, est une source d'intérêt perpétuel. Grâce à ses nombreuses variations et ses contrastes, tous les temps peuvent être appréciés pour leurs bons côtés : le ravissement que procure un rayon de soleil après des jours et des jours de temps gris, par exemple, et le soulagement de voir la pluie tomber après une période de sécheresse. Enfin et surtout, c'est un sujet qui nous relie tous entre nous, et dont la plupart des gens ont plaisir à parler.

> J'aime observer les saisons et les comparer d'année en année, et le temps qu'il fait est pour moi objet de fascination. Je me plais à prédire le temps qu'il fera, et l'on me dit doué pour cela.
>
> Walter Price

check-list 10 — *Quels progrès ?*

Que vous ayez essayé plusieurs idées ou une seule ce mois-ci, il est bon de méditer sur ce que vous avez choisi d'essayer et pourquoi, et de voir si cela vous a réussi.

1. Combien d'activités avez-vous essayées ce mois-ci ?
- 1–3 activities ☐
- 4–10 activities ☐
- 11–20 activities ☐
- 21–30 activities ☐

2. Combien de ces activités avez-vous renouvelées plusieurs fois au cours du mois ?
- 1–3 activities ☐
- 4–10 activities ☐
- 11–20 activities ☐
- 21–30 activities ☐

3. Quelles activités ont eu un effet positif sur votre humeur ce mois-ci ?

Utilisez la page ci-contre pour consigner ce qui vous a réussi et ce qui ne vous a pas réussi.

Notes, remarques et pensées

304 | *Exprimez votre gratitude*

Il est toujours bon d'exprimer son encouragement et de faire l'éloge de quelque chose lorsque c'est justifié. Prenez un moment pour penser à toutes ces choses de la vie moderne que vous appréciez. Par exemple, ne sommes-nous pas privilégiés d'avoir des services publics si remarquables ?

Les services et infrastructures de la vie moderne sont généralement exceptionnels. Prenez le courrier, par exemple : n'est-il pas formidable de pouvoir poster une lettre à un bout du pays et la voir arriver à destination en un jour ou deux à l'autre bout du pays ?

Foncez !

305

La vitesse est exaltante. L'excitation que l'on ressent en allant vite ou en regardant les autres faire la course est incroyablement grisante, et ce sentiment dure bien après le moment même. La montée d'adrénaline vous remonte le moral, et c'est une telle joie.

Plutôt que de vous limiter systématiquement à une vitesse modérée en marchant ou en faisant votre footing, piquez un sprint de temps en temps et allez aussi vite que vous le pouvez. Si vous aimez faire du vélo, c'est valable également. Si vous êtes dans l'incapacité de faire du sport, regardez les autres faire la course et laissez exploser votre enthousiasme. Ouiiii !

306 — Régime pour anxieux

La pensée du jour

BIEN MANGER POUR BIEN VIVRE

La qualité de l'alimentation a un impact considérable sur le bien-être émotionnel.

Le stress augmente les besoins en vitamines, ce qui fait que l'on devrait se nourrir encore mieux que d'habitude si l'on est anxieux ou sous pression. Prenez soin de votre esprit en vous assurant d'avoir un régime varié composé d'aliments sains. Choisis avec soin, ces aliments vous fourniront tous les nutriments dont vous avez besoin et donneront un coup de fouet à votre moral grâce à leur saveur. L'alimentation est aussi importante pour la santé mentale que pour la santé physique. Se donner la peine de manger sainement aide à entretenir la capacité à être heureux, et c'est également très bon pour l'amour-propre.

Restez neutre 307

Lorsque quelqu'un d'autre se montre grincheux ou peu communicatif, ne tenez pas compte de son humeur. Rester neutre et de bonne humeur ne peut que vous aider à aider autrui. Cependant, gardez à l'esprit le fait que cette personne puisse avoir dans sa vie un souci ou un problème dont vous n'avez pas connaissance. Si vous restez calme et joyeux, il vous sera d'autant plus facile de faire preuve de compréhension et de compassion.

La pensée du jour

USEZ DE COMPASSION

La compassion signifie que l'on n'éprouve pas de rancune à l'égard des gens pour leur comportement et qu'on ne les juge pas trop durement. La compassion permet d'atténuer la colère et de se sentir mieux, et d'aider autrui par la même occasion.

308 — Chantez !

Bonheur instantané

LÂCHEZ-VOUS !
Au diable vos inhibitions, mettez-vous à chanter comme un rossignol… Quelle importance si vous n'avez pas sa voix !

Amusez-vous à jouer les divas en chantant dans le bain ou en accompagnement d'un disque. Les salles de bains sont réputées pour leur excellente acoustique, et vous vous découvrirez une voix de chanteur d'opéra !

Le karaoké est aussi une activité ayant le don de convaincre les gens qu'ils sont faits pour chanter. Un entraînement au chant devrait vous permettre d'améliorer votre voix, mais quel qu'en soit le résultat, vous vous amuserez follement.

Négociez ! 309

Lorsque vous vendez quelque chose, tenez-vous prêt à négocier le prix, ne serait-ce qu'un minimum. Les gens adorent avoir la sensation de faire une affaire, et vous vous sentirez en outre généreux et donnant.

Par ailleurs, si une vente est particulièrement avantageuse pour vous, donnez-en à l'acheteur pour son argent. Vous pouvez, par exemple, arrondir un peu les quantités ou offrir un petit cadeau pour remercier la personne de son achat, ou encore faire un effort supplémentaire pour vous assurer que la marchandise soit en parfait état. Si vous apprenez ensuite que la même personne a revendu l'objet en question et en a tiré du profit, alors tant mieux : réjouissez-vous pour elle.

310 — Parlez aux gens

La pensée du jour

RAPPORTS INTERGÉNÉRATIONNELS

Apprendre à connaître des gens de tous âges est intéressant, amusant et souvent très touchant.

Faites l'effort de parler à des gens de tous âges. Les gens plus âgés ont parfois peur des plus jeunes et vice-versa, mais une fois que l'on établit un contact, on se rend compte à quel point les autres gens sont profondément sympathiques, quel que soit leur âge.

C'est une chance de pouvoir entendre les opinions d'une génération autre que la sienne, car cela donne une perspective nouvelle et permet d'avoir une compréhension différente des choses. Cela peut être une expérience très agréable et très stimulante.

Œuvrez pour la paix

Essayez donc de jouer un rôle de pacificateur. Apaisez toute tension ou tout désaccord entre vos amis, au sein de votre famille ou sur votre lieu de travail. Encouragez les gens à résoudre des différends ou à trouver des moyens de tolérer leurs différences respectives. Restez en-dehors des conflits d'autrui, et ne prenez pas position. Vous serez surpris de voir comme on peut ainsi apaiser des situations de crise et aider les gens à se réconcilier et à vivre de nouveau en harmonie.

Avant tout, encouragez un idéal où tout le monde s'entend globalement bien. N'oubliez pas que la paix n'est pas quelque chose qui tombe du ciel, mais qu'elle est possible lorsqu'on a l'intention de vivre en paix avec autrui et que l'on y travaille de son mieux. Ce qu'il y a de merveilleux dans le fait de faire la paix est le bonheur qu'elle apporte à tous.

312 — Lisez une histoire à quelqu'un

Vous rappelez-vous la dernière fois que vous avez lu une histoire à un enfant? Les enfants adorent qu'on leur lise ou qu'on leur raconte des histoires, et c'est également très bon pour eux; ainsi, en lisant une histoire, on se sent à la fois apprécié et utile.

Et puis il y a la joie que nous apportent les livres en eux-mêmes. certains contiennent des illustrations magnifiques et des histoires aux significations profondes. Lire une histoire à son partenaire, ou vice-versa, est également une expérience agréable, et pourquoi ne pas choisir là aussi un livre pour enfant où l'écriture nette et simplifiée rendra l'histoire facile à suivre, même si vous vous sentez les paupières lourdes? C'est un réel plaisir et une agréable façon de se détendre avant de dormir.

Vivez en toute honnêteté — 313

Menez une existence honnête, car bien que le fait de tricher ou de voler puisse procurer du plaisir sur le moment, cela comporte toujours des conséquences néfastes et finit par saper l'estime de soi et le bonheur. Une conscience tranquille, en revanche, donne un sentiment de liberté et de sérénité. Être fidèle aux autres revient à être fidèle à soi-même, et donnera à votre bonheur de solides fondations pour qu'il puisse grandir.

Voyagez léger — 314

Porter un lourd fardeau émotionnel partout où l'on va est épuisant et déprimant, alors lâchez du lest si vous le pouvez. Si vous n'en êtes pas capable, faites-vous aider par un spécialiste afin d'examiner vos différents problèmes et de pouvoir alléger vos épaules. Vous débarrasser de ce poids sera un grand soulagement. Tout votre entourage poussera également un grand soupir de soulagement et pourra enfin respirer !

315 — Voyez tout en rose, pas en noir

Bonheur instantané

BONNE POSITION

Une bonne posture est importante pour le bien-être physique, mais aussi mental.

Adoptez le slogan suivant : « je vois tout en rose, pas en noir ». Avec détermination, marchez la tête haute, les épaules en arrière, le dos droit, et faites des mouvements décisifs et souples. Vous verrez que de cette façon, vous vous grandirez facilement de quelques centimètres, vous gagnerez en assurance et vous aurez un regard plus positif sur le monde.

Le fait de sentir votre centre de gravité dans votre plexus solaire vous donnera force et confiance en vous. Marchez en vous étirant vers le haut, avec une démarche dynamique et légère, et vous apprécierez pleinement tout ce que vous ferez.

Aidez quelqu'un

316

Lorsque quelqu'un n'est pas très adroit de ses mains, ou pas très rapide, cherchez des moyens de lui offrir une aide bienvenue. Ouvrez grand vos oreilles pour détecter des appels à l'aide déguisés, car certaines personnes n'aiment pas demander explicitement de l'aide. Il peut s'agir de quelque chose de personnel, comme une manucure, ou technique, comme appeler un service et braver l'attente et les serveurs vocaux multiples! Ces petites choses sont peut-être si difficiles pour certaines personnes, et ces services permettent à l'un comme à l'autre de se sentir apprécié.

Aider quelqu'un à faire une tâche qu'il ne peut faire lui-même est pour lui un don du Ciel, et pour soi une bonne chose.

Julie Leggett

317

Présentez-vous

Se montrer ouvert et amical envers ses voisins est excellent pour l'esprit de communauté et met tout le monde de bonne humeur. Y a-t-il quelqu'un près de chez vous que vous aimeriez apprendre à connaître et qui soit susceptible d'apprécier votre initiative? Pourquoi ne pas vous présenter à un voisin que vous n'avez jamais vu ou que vous connaissez à peine?

Vous pouvez peut-être lui donner votre numéro de téléphone en lui disant de faire appel à vous s'il a besoin d'aide, l'inviter chez vous ou le contacter par téléphone pour fixer une date où vous voir. S'il ne donne pas suite à votre invitation ou à votre offre de l'aider, aucun problème. Le tout est de savoir tous les deux que vous avez offert de l'aider en cas de besoin, et peut-être s'en souviendra-t-il et fera-t-il appel à vous dans un avenir plus lointain.

Rédigez un testament

Ne vous en remettez pas aux lois de succession. Rédigez un testament et amusez-vous à imaginez la joie de tous ceux à qui vous laisserez quelque chose. Pensez aux personnes à qui vous aimeriez vraiment léguer des biens, et à celles qui le méritent le plus : des personnes qui se montrent bonnes envers vous, des membres de votre famille et des amis de longue date ou plus récents, mais que vous appréciez particulièrement, ou encore quelqu'un que vous savez dans le besoin.

Rédigez également des messages destinés à chacun d'entre eux et qui leur parviendront avec vos dons. Cela vous fera le plus grand bien, car rédiger un testament avec amour est un acte extrêmement satisfaisant.

319 — Luttez pour vos convictions

> *La pensée du jour*
>
> **CHANGEZ D'ÈRE**
>
> Chaque changement positif, aussi petit soit-il, a le potentiel de mener à une ère nouvelle.

Si les choses n'évoluent pas comme vous le souhaiteriez, refusez de baisser les bras. Cessez de penser que vous n'avez aucune influence ni aucun impact ; vous avez le pouvoir de changer les choses.

Luttez de toutes vos forces pour ce que vous croyez juste. Répétez-vous ce mantra : « Pression, pression, pression ». Comme un levier, vous pouvez usez de persistance pour déplacer des montagnes administratives ou officielles et provoquer des changements que peu de gens auraient cru possibles. Sentez-vous plein de force et de pouvoir, car vous l'êtes.

Plantez un arbre

Planter des arbres est une merveilleuse manière d'exprimer sa foi en l'avenir et son amour pour les autres et pour le monde (et bien sûr pour les arbres!). Ils mettront des années à arriver à leur taille adulte et vous survivront sans doute, pensée qui procure un sentiment extraordinaire de postérité et d'éternité.

La vie continue, et pour peu que nous apprenions à bien nous occuper de notre planète, elle continuera pendant des milliards d'années encore. N'est-ce pas une pensée réconfortante? Plantez donc un arbre dans votre jardin ou rejoignez un programme de plantation d'arbres mis en place par un parc naturel près de chez vous ou un organisme de protection de l'environnement. Vous verrez que cela vous fera un bien fou.

321 — Devenez explorateur

Adoptez une attitude d'explorateur dans la vie. Comme eux, appréciez le défi que représente une idée nouvelle et lancez-vous à corps perdu dans la recherche de sa réalisation. Il est exaltant d'explorer le monde ; que vos découvertes soient géographiques ou philosophiques, pragmatiques ou théoriques, toute expérience nouvelle maintiendra votre esprit en ébullition.

Dites « oui » à des suggestions aussi souvent que possible, et « pourquoi pas ? » même si vous n'êtes pas sûr de savoir comment faire telle ou telle chose ou comment y arriver. Les idées vous viendront à mesure de votre progression. L'exploration est profondément revigorante et souvent génératrice de joie.

Levez-vous à l'aube

322

Essayez donc de vous lever à l'aube. Vous ressentirez la magie du monde qui accueille la lumière du jour naissant, et qui donne le sentiment d'assister à un miracle chaque matin.

Si vous avez la possibilité de faire quelques pas dans un jardin, dans un parc ou dans la nature, vous assisterez à un spectacle d'une beauté exceptionnelle où les arbres et les plantes sont baignées d'une lumière incroyable qui met leurs couleurs en valeur. On dit qu'on peut même voir l'aura des plantes (en particulier des herbes aromatiques) flotter autour d'elles à cette heure de la journée.

Bonheur instantané

PREMIÈRES LUEURS

Se lever aux premières lueurs de l'aube permet de saluer la journée merveilleuse qui commence et de se mettre dès le réveil sur la fréquence du bonheur.

323 — Faites-vous pardonner

La pensée du jour

REPENTIR

Se repentir de quelque chose que l'on a fait et que l'on regrette profondément aide à retrouver le chemin du bonheur.

Il est bon de faire des efforts pour se faire pardonner. Avez-vous déjà eu cette terrible sensation d'avoir causé un tort irréparable, aussi sincère que soient vos excuses ?

Le repentir est une façon positive de rendre la culpabilité supportable et, avec un peu de chance et de temps, de l'alléger. Faire quelque chose pour aider les personnes concernées ou indirectement touchées est une manière de créer quelque chose de positif à partir d'une erreur ou d'une mauvaise action. Si vous pouvez tirer des leçons de ce qui s'est passé, ce sera également une bonne chose.

Allez pique-niquer 324

Même le plus simple des repas, dès lors qu'il est pris à l'extérieur, devient divin. Un pique-nique est un repas facile et joyeux que le paysage et le grand air rendent d'autant plus délicieux. Quel que soit le temps, il est toujours amusant de pique-niquer, et même si l'idéal est d'être confortablement installé sur une couverture au soleil, plus le temps sera rude, et plus le repas sera le bienvenu ! Facilitez-vous la vie en n'emportant pas de vaisselle, lourde à transporter et pénible à laver. C'est un jour de repos, après tout !

325 — Méditez et priez

Prenez le temps de prier et de méditer, deux activités bénéfiques pour l'âme et pour l'esprit. Lorsqu'on médite, on garde une vigilance silencieuse en écoutant, en touchant, et en puisant au cœur d'une source de paix profonde.

Lorsqu'on prie, on entre en conversation avec Dieu, ou, selon les préférences, avec le flux d'amour du monde. Vous vous sentirez peut-être d'humeur à passer d'une activité à l'autre.

La prière et la méditation sont deux havres de paix dans notre existence pressée et souvent déroutante. Après une séance de l'une ou de l'autre, vous vous sentirez mieux et purifié par la joie.

Faites un voyage 326

Une longue promenade à pied, en voiture ou en train avec quelqu'un que vous aimez peut se transformer en expérience inoubliable. L'occasion offre à chacun un espace de conversations plus profondes ou plus étendues, et certainement plus longues que celles que l'on a coutume d'avoir.

Il est aussi très bon de partager le silence en regardant le paysage défiler. Lire les cartes ou rouler au hasard sont des expériences qui ont le don de rapprocher les gens.

Bonheur instantané

PARTIR ENSEMBLE

Partir quelque part avec un ami permet aussi de voyager au cœur de l'amitié au fil des étapes de votre relation.

327

Voyez l'amour autour de vous

L'amour est le bonheur, c'est pourquoi il est important d'apprécier l'amour que l'on éprouve pour les autres — les amis, la famille, la personne qui partage notre vie, les animaux de compagnie et, enfin et surtout, Dieu — et l'amour qu'il éprouvent pour nous.

Angela Lloyd-Jones

Aimer et être aimé est la meilleure chose qui puisse nous arriver, mais il est facile de ne pas s'en rendre compte ou de passer à côté. L'amour, comme tout ce qui est vivant, a besoin de nos soins et de notre attention tendre et dévouée afin de s'épanouir.

Prêter attention à notre amour pour les autres et à leur amour pour nous donne des ailes, et en se montrant encore plus aimant, on devient encore plus aimable. L'amour est une chose merveilleuse, quoi qu'on en dise. Faites de vos relations et de votre amour pour les autres une priorité absolue, et votre bonheur grandira.

Soyez agréable   328

Décidez de vous montrer agréable aujourd'hui. Vous vous voyez peut-être comme quelqu'un de très gentil, mais vous serez sans doute surpris du nombre de fois où vous aurez à vous retenir de penser ou de faire quelque chose de désagréable afin de tenir votre promesse.

Il ne s'agit pas seulement de s'interdire tout sarcasme, toute pensée égoïste et toute critique négative, mais aussi et surtout de les remplacer par des paroles bienveillantes, des pensées altruistes, de la gratitude, des paroles apaisantes et élogieuses.

Quand on fait l'effort de ne pas bougonner ni ronchonner, et que l'on met un point d'honneur à être charmant envers soi-même et envers autrui, le monde se met soudain à étinceler de bonheur.

329 — Secouez votre bonheur

Si vous avez tendance à oublier à quel point votre vie est belle, secouez votre bonheur un bon coup pour faire virevolter devant vous toutes les joies et les satisfactions de votre existence et pouvoir les admirer et les bénir.

La meilleure des existences peut parfois s'encroûter, et l'on finit par ne plus remarquer son bonheur. C'est un peu comme un édredon qui aurait besoin d'être secoué et aéré de temps en temps pour que les plumes ne restent pas sur les côtés. En secouant votre bonheur, vous vous rappellerez comme il est lumineux et plein de joie, comme il vous tient chaud et comme il peut, si on lui en donne les moyens, procurer une satisfaction consciente, profonde et incroyablement intense.

Le bonheur ne réside pas dans les choses, mais dans la manière de les regarder.

François duc de la Rochefoucalt

Soyez un hôte d'exception

330

Recevoir est un art, et c'est une grande réussite que d'être un bon hôte en permettant aux autres d'entrer en relation. Les fêtes, ateliers ou toute autre sorte de rassemblements seront complètement différents pour vous si au lieu d'attendre avec angoisse que les gens s'accostent et se montrent sociables, vous décidez de les aider.

Prenez l'habitude de présenter les gens les uns aux autres et de les encourager à parler en lançant un sujet de conversation qui brise la glace. Libre à vous, ensuite, de passer à autre chose si vous le souhaitez et de vous joindre à des groupes déjà formés ou d'en former des nouveaux.

La pensée du jour

TRAVAILLEZ VOTRE CHARISME

Prendre l'initiative de mettre les gens à l'aise vous fera beaucoup de bien, et vous vaudra vite la réputation d'être charismatique.

331 — Aux commandes de votre vie

Bonheur instantané

ICI ET MAINTENANT

Commencez à construire le genre de vie que vous voulez. Agissez, investissez-vous, foncez !

Essayez donc de prendre les commandes de votre vie. Si vous vous contentez de laisser les choses vous arriver, vous vous sentirez sans doute impuissant et à la merci de tout ce que le destin vous envoie. En revanche, si vous vivez activement comme vous souhaitez vivre et que vous rêvez et pensez aux moyens d'avancer dans la direction que vous voulez prendre, vous verrez que vous pouvez avoir beaucoup d'influence.

Fixez des objectifs, faites des projets et agissez personnellement pour que les choses et les expériences dont vous rêvez se concrétisent. On ne vit qu'une fois, alors pas de temps à perdre, profitez-en !

Pensez à un jardin

332

Lorsqu'on trouve un jardin que l'on aime, le simple fait de repenser au bonheur que l'on y a ressenti nous replonge dans ce sentiment comme si l'on y était. Passez du temps dans votre jardin ou celui d'un ami, et allez vous promener dans des jardins publics près de chez vous ou plus loin.

Le temps passé dans un jardin fera le bonheur de tous vos sens, et peut même se transformer en expérience spirituelle. Tous les jardins ont un esprit et une atmosphère uniques qui peut parler à notre sensibilité et nous toucher profondément comme le ferait un tableau magnifique.

333 — Adressez-vous à la fée des parkings

Lorsque vous ne trouvez pas de place où vous garer, demandez donc à la fée des parkings de vous aider. Elle vous trouvera toujours une place là où vous voulez, ou non loin de là, sauf lors des rares occasions où, pour une raison qu'elle seule connaît, vous garer à l'endroit désiré n'est pas une bonne idée.

En vous approchant d'un parking, demandez en pensée qu'une place soit libre pour vous. L'idée peut sembler loufoque, mais c'est une astuce qui, dieu sait pourquoi, fonctionne réellement et qui vous surprendra agréablement. Faites taire votre incrédulité l'espace d'un instant et essayez !

Déléguez

334

Déléguer est un art qui devient de plus en plus facile à mesure qu'on le pratique. C'est une preuve de sagesse et d'humilité que de reconnaître que les autres peuvent faire les choses aussi bien que vous-même, et même parfois mieux.

Tout votre entourage sera heureux de se voir confier des tâches difficiles et des responsabilités, et cela vous libérera du temps et de l'énergie pour vous concentrer sur les choses que vous voulez vraiment faire ou pour lesquelles vous êtes plus doué. Savoir déléguer est une bonne qualité de dirigeant, et crée une excellente dynamique de groupe où tout le monde se sent précieux et apprécié.

Bonheur instantané

TRAVAIL D'ÉQUIPE

Partagez votre charge de travail, et le bonheur du travail en équipe s'ensuivra.

check-list 11 — Quels progrès ?

Que vous ayez essayé plusieurs idées ou une seule ce mois-ci, il est bon de méditer sur ce que vous avez choisi d'essayer et pourquoi, et de voir si cela vous a réussi.

1. Combien d'activités avez-vous essayées ce mois-ci ?
- 1–3 activities ☐
- 4–10 activities ☐
- 11–20 activities ☐
- 21–31 activities ☐

2. Combien de ces activités avez-vous renouvelées plusieurs fois au cours du mois ?
- 1–3 activities ☐
- 4–10 activities ☐
- 11–20 activities ☐
- 21–31 activities ☐

3. Quelles activités ont eu un effet positif sur votre humeur ce mois-ci ?
Utilisez la page ci-contre pour consigner ce qui vous a réussi et ce qui ne vous a pas réussi.

Notes, remarques et pensées

335 — Activez votre talent

Il y a des tas de choses pour lesquelles vous êtes, ou pourriez être, doué, et qui dit capacité dit potentiel pour un véritable talent.

Ainsi, lorsque vous avez le désir ou le potentiel d'être bon dans un domaine, mettez-y toute l'énergie nécessaire à développer votre talent. Tout d'abord, comprenez que tout dépend de vous, et soyez positif. Ensuite, dédiez à l'activité en question une attention exclusive et chaleureuse. Consacrez du temps et de l'effort à l'apprentissage des gestes ou mouvements à faire, et entraînez-vous régulièrement. De cette façon, ce ne sera pas une corvée difficile, mais un jeu plaisant.

Tendez votre main 336

Tendez une main amicale à quelqu'un aujourd'hui, après avoir lu l'histoire qui suit. Une femme qui se sentait émotive se rendit dans un lieu de culte afin de reprendre ses esprits. On demanda à un membre de la congrégation d'aller allumer un cierge devant l'autel. Cette personne, remarquant une dame âgée assise dans son coin, lui demanda si elle lui ferait le plaisir de l'accompagner, proposition que la vieille dame accepta avec joie, expliquant qu'elle n'avait pas osé y aller seule. Après cela, elles se remercièrent l'une l'autre avec un sourire. Aucune des deux ne sut qu'elle avait été pour l'autre un rayon de soleil illuminant le reste de sa journée. Devenez ce rayon de soleil pour quelqu'un d'autre et vous vous sentirez si bien!

Bonheur instantané

PETITS GESTES

Tendre la main et faire un petit geste amical peut changer le désespoir de quelqu'un en espoir et en joie.

337 — Pensez au sens de la vie

Méditez sur le sens de votre vie et sur la manière dont vous pouvez commencer à vivre en accord avec vos principes. Pensez au travail que vous aimeriez accomplir ou à la cause que vous voulez faire valoir.

Voyez ce qui vous semble juste et vous rend heureux. Si vos idées sont irréalistes pour une raison inexorable, essayez de penser différemment. Vous pourriez, par exemple, faire quelque chose dans le même domaine, ou vous pourriez en faire un objet d'étude pendant votre temps libre. Dans un cas comme dans l'autre, vous goûterez au bonheur de participer à quelque chose qui compte beaucoup pour vous.

Allez à la fête foraine 338

Allez vous amuser à la fête foraine; c'est peut-être bruyant et plein de monde, mais c'est amusant! La musique forte, les cris de joie des gens sur les attractions, les chevaux magnifiques du manège vous redonneront tous le sourire et vous feront peut-être même rire, tout comme les pommes d'amour, la barba à papa et les tentatives de décrocher un lot aux stands de tir ou de fléchettes vous feront retomber en enfance. Prenez votre courage à deux mains et essayez une attraction rapide ou la grande roue. Quelle sensation! Toute cette animation créera en vous un mélange de joie exubérante et de bonheur nostalgique.

339 | *Subdivisez les tâches*

Bonheur instantané

PETIT À PETIT

Lorsqu'on avance dans un travail petit à petit et étape par étape, tout le chemin parcouru semble agréable.

Lorsqu'on essaye d'accomplir quelque chose, la tâche peut être facilitée en la divisant en parties plus faisables. Regarder le projet dans son intégralité peut être décourageant et donner envie d'abandonner avant même d'avoir commencé.

Découper une tâche en morceaux plus faciles à avaler que vous «mâcherez» un par un rend tout projet beaucoup moins terrifiant et plus agréable. Chaque fois que vous achèverez une partie du projet, vous vous sentirez si satisfait de votre travail que vous entamerez la partie suivante avec entrain.

Admirez un coucher de soleil

340

Lorsqu'un coucher de soleil illumine le ciel, admirez-le. Observez la lumière du jour se déplacer vers l'ouest sur la ligne d'horizon, et regardez les couleurs s'intensifier pour atteindre leur luminosité maximale. On ne reconnaît ce moment précis qu'après coup, alors profitez de chaque instant et frissonnez d'émerveillement devant cette beauté. Appliquez le même principe à votre vie : profitez de la beauté et regardez-la s'approcher, passer et s'effacer au loin en chérissant votre bonheur.

341 — Bien à votre place

La pensée du jour

BON RÔLE

Aimez et chérissez votre rôle dans la vie et dans l'univers et le sentiment d'être à votre place près de vos amis et dans votre famille.

Chaque personne a une place unique dans le monde. Notre personnalité, nos caractéristiques, nos talents, notre travail et nos centres d'intérêt ont tous leur place dans le grand ordre des choses, et se rejoignent dans ce rôle unique qui est le nôtre.

Entretenez ce sentiment de vous sentir vraiment à votre place en faisant de votre mieux, en tendant la main à ceux qui vous entourent et en communicant avec eux et en aidant les autres de toutes les façons possibles. Par-dessus tout, soyez heureux d'être là où vous êtes et appréciez chaque jour qui passe.

Tirez les leçons de vos erreurs

342

Faites des échecs et des erreurs un aspect important de votre apprentissage. Nous en connaissons tous, alors inutile de culpabiliser; faire des erreurs est normal et humain. Utilisez-les à votre avantage, comme des tremplins pour retrouver l'équilibre et voler vers la réussite.

Ne vous laissez pas non plus abattre par les rejets. Certes, ils peuvent faire très mal, mais ils servent aussi à vous endurcir et vous apprennent à doser vos efforts et réessayer avec plus de sagesse et de force. Ne vous découragez pas, et le bonheur reviendra toujours.

343

Vivez comme vous l'entendez

La pensée du jour

AU PLUS SIMPLE
Simplifiez-vous la vie afin de pouvoir apprécier ce qui compte vraiment.

N'attendez pas l'âge de la retraite pour sortir de la jungle du travail et vivre la vie que vous voulez vivre. Faites-le maintenant.

Vivre plus lentement et plus simplement permet de trouver un équilibre et de s'élever, et c'est un choix de vie très louable. Le but de l'existence n'est pas de faire aussi bien que le voisin ; que signifient l'argent et les possessions dans cet univers infini ? Une existence plus simple et moins matérielle signifie moins de soucis, plus de temps pour soi, pour sa famille et ses amis, et une plus grande satisfaction.

Repas frugal — 344

Lorsque vous êtes fatigué ou que vous n'avez d'appétit pour rien de particulier, ce dont vous avez besoin est d'un repas simple mais bon, peut-être un repas classique. Un ou deux œufs accompagnés d'une tranche de pain complet peuvent avoir un goût exquis et vous rappeler comme les aliments simples peuvent être bons.

Prenez soin de vous — 345

Prenez soin de votre être tout entier et faites preuve d'amour et de compassion à votre égard. Occupez-vous de votre âme également en vous émerveillant de faire partie de ce monde. Nourrissez tous les aspects de votre esprit : écoutez et prenez en compte vos émotions, entretenez votre intellect et assumez votre sensualité.

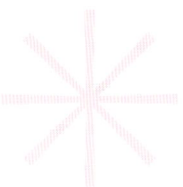

346 — Roule, boule !

Il y a quelque chose de réellement fascinant et de divertissant dans une partie de bowling, lorsqu'on renverse des quilles à l'aide d'une boule bien lancée par un mouvement de bras bien effectué. Lorsque la boule frappe les quilles exactement comme on le veut et qu'elles tombent toutes en un seul coup net et précis, c'est un réel plaisir.

La pétanque a aussi son charme, et il est sain d'être en plein air et de profiter de la lumière du jour. Les deux jeux ont leur propre ambiance et leur propre aspect divertissant.

Allez nagez 347

Peut-être est-il temps pour vous de vous jeter à l'eau. Voyez si vous avez une piscine publique ou thermale près de chez vous, ou pourquoi pas une rivière ou un lac où vous baigner. La natation est un exercice très bon pour la santé et très confortable, car elle n'exerce pas de points de pression sur le corps comme le ferait par exemple la course à pied.

Nager est aussi un grand plaisir pour le corps et l'esprit : le simple fait d'être sous l'eau change la perspective et donne un but et un sentiment d'accomplissement. Essayez également de vous étendre sur le dos pendant un moment ; savourez la magie de flotter sans avoir à fournir d'effort pour vous maintenir à la surface, et détendez-vous dans cette position confortable.

348 — Libérez votre créativité

Organisez une journée de «libération de la créativité» avec quelques amis, où chacun peut choisir l'activité qui lui plaît. Par exemple, vous vous sentirez peut-être attiré par la peinture, l'écriture, le tricot, la confection d'un jouet ou la poterie; qu'importe l'idée, pourvu que vous suiviez votre envie du moment.

N'oubliez pas qu'il ne s'agit pas d'un concours. Le tout est de s'amuser et de s'inspirer mutuellement en s'encourageant à suivre son enthousiasme et sa personnalité.

Réveillez votre concentration

349

Éteignez le pilote automatique en vous et mettez-vous en mode concentration. Savez-vous comme il est facile de passer une journée entière sans réellement se concentrer sur quoi que ce soit ? Mettez un point d'honneur aujourd'hui à vous investir dans ce que vous faites et dans ce qui se passe autour de vous.

Les pensées, les réactions et la façon de faire les choses de chacun sont fascinantes, tout comme le langage corporel et l'attitude de tout le monde que l'on rencontre. Manifestez de l'intérêt pour tout cela, et vous vous sentirez soudain incroyablement vivant et profiterez activement de chaque instant. Vous aurez également de fabuleux souvenirs à vous remémorer à la fin de votre journée.

> *La clé du succès est de concentrer son esprit conscient sur les choses que l'on désire et non sur les choses que l'on craint.*
>
> **Brian Tracy**

350 — *Écoutez vos goûts*

Lorsque vous refaites la décoration d'une pièce, écoutez votre cœur. Ne vous fiez au goût et au style de quelqu'un d'autre que si vous le partagez en tous points. Choisissez des couleurs et des dispositions en phase avec votre conception de la pièce idéale. Vous vivez avec quelqu'un ? Aucun problème. Prenez seulement le temps de trouver un style qui vous convienne à tous les deux, et si vous n'y parvenez pas, acceptez de vous occuper à tour de rôle de la décoration. Un environnement qui plaît et dans lequel on se sent bien est une source durable de contentement.

Désencombrez votre tête   351

Les petites tracasseries et les offenses réelles ou imaginaires peuvent vous submerger si vous les laissez faire. Empêchez-les d'envahir votre esprit en les rationalisant. Dites-vous, par exemple, que tous ces soucis ne sont pas importants et qu'à long terme, ils seront totalement oubliés. Vous pouvez aussi vous dire que ce sont des problèmes minuscules faciles à traiter, et auxquels il n'est pas nécessaire de penser pour l'instant. Pour vous prouver votre bonne foi, chassez ces pensées de votre esprit dès maintenant ! Vous vous sentirez bien mieux et vous aurez l'esprit libre.

La pensée du jour

DEHORS !

Mettez donc dehors les mécontentements sans importance qui vous agacent. Vous verrez comme vous aurez alors plus de temps et d'énergie pour être heureux.

Protégez votre temps et votre bonheur en refusant de vous laisser obséder par des petites choses.

Angela Lloyd Jones

352 — Le temps guérit les blessures

La pensée du jour

BONHEUR NOUVEAU

Accueillez les nouveaux instants de bonheur et le répit qu'ils vous procurent face au chagrin.

Même si vous traversez une période de deuil, gardez à l'esprit que le retour du bonheur est possible. Il est si facile, lorsqu'on nage en plein désespoir, de rejeter l'idée que le temps guérit les blessures, et il est vrai que la peine peut durer éternellement. Cependant, elle s'adoucit au moins un peu avec le temps, et si vous êtes prêt à l'accueillir et à accepter son retour dans votre vie, le bonheur peut exister aux côtés du chagrin. Cela n'allégera pas peut-être pas votre peine, mais l'interrompra tout au moins en vous offrant des instants ou des moments plus longs de réconfort. Cela peut aussi vous permettre de vous rappeler l'être cher que vous avez perdu et les moments heureux que vous avez partagés.

La magie de Noël

353

Célébrez la période de Noël. Vous entendez les gens dire qu'elle a perdu de sa magie ? Ça n'est pas vrai du tout ; ils ont tous simplement oublié comment ressentir cette magie. Si vous vous sentez plein de désillusions et de déceptions quand vient Noël, reprenez courage : vous pouvez ressentir à nouveau tout l'émerveillement de votre enfance. Au lieu de voir cette fête comme l'occasion de folles dépenses et de grand battage commercial, tout ce que vous avez à faire est de vous rappeler les éléments qui composent la fête en elle-même. Appréciez de partager le bonheur, la chaleur, un toit et un repas et rappelez-vous l'innocence, la sincérité, l'espoir et l'harmonie que représente cette fête traditionnelle, et vous retrouverez alors votre enthousiasme d'enfant.

Bonheur instantané

Ô JOIE

Noël est plus magique que jamais ; sentez la joie et l'émerveillement monter en vous.

354

Confectionnez un dessus de lit

La pensée du jour

ENSEMBLE

En réalisant un dessus de lit en patchwork en groupe, votre vie et celle de vos amis s'assembleront dans une harmonie de motifs et d'amour.

Avez-vous déjà essayé le patchwork ? Pourquoi ne pas vous retrouver régulièrement entre amis ou en famille pour réaliser un magnifique dessus de lit à offrir en cadeau de commémoration lors d'un mariage ou d'un autre évènement ? C'est un projet de groupe idéal, car chaque personne peut choisir des morceaux de tissu qu'elle aime et s'amuser à le préparer avant de le coudre à l'ensemble lui-même.

Comme c'est un travail facile et agréable vous pourrez tous discuter entre vous. Il sera intéressant de voir comment votre vie de groupe évoluera au fil des semaines : la compréhension et l'amour des uns envers les autres s'approfondiront, et au final, vous aurez un souvenir en commun et un objet familial splendide et si précieux pour l'amitié et l'amour qu'il représente.

Mettez-vous dans l'ambiance

355

Même si vous êtes généralement tiré à quatre épingles, gardez une ou deux vieilles tenues amples et confortables à porter pour des loisirs ou des corvées où vos vêtements risquent d'être salis, tachés de peinture ou abîmés. Passer ces vieux vêtements vous mettra d'emblée dans l'ambiance, et comme vous n'aurez pas à vous inquiéter de les tacher ni de les abîmer, vous pourrez vous consacrer pleinement à ce que vous faites. En plus d'être confortables, ces vieux vêtements bien-aimés sont souvent réconfortants, comme de vieux amis.

Bonheur instantané

VIEUX VÊTEMENTS

Gardez des vieux vêtements pour des travaux salissants ou pour sauter dans les flaques dans le parc. Ils sont si agréables à porter !

356 — Rappelez-vous votre force

La pensée du jour

LA FORCE NÉCESSAIRE

Vous avez, ou trouverez, la force de faire tout ce que vous devez accomplir.

Si jamais votre détermination flanche, rappelez-vous à quel point vous êtes fort. Prenez exemple sur les plantes qui poussent en direction de la lumière avec une force incroyable. La moindre petite pâquerette, par exemple, saura traverser le sol le plus dur et le plus rocheux pour aller vers la lumière. Pensez aux réserves d'énergie incroyables que vous avez en vous.

Avec la volonté de suivre le chemin éclairé par votre bonne étoile, vous vous en sortirez parfaitement bien. Cheminez avec assurance, sérénité et bonheur.

Le plus important — 357

Demandez-vous ce qui compte le plus pour vous dans la période actuelle de votre vie. Les priorités peuvent être différentes selon l'étape ou la phase que vous traversez. Les relations amoureuses, par exemple, seront peut-être la chose la plus importante à un moment donné de votre vie, tandis que la famille, les études, le travail ou les loisirs le seront à d'autres moments de votre existence.

Si vous devez, ou souhaitez, consacrer pour un moment une grande quantité d'énergie à un aspect de votre vie, alors écoutez votre instinct et faites-le. En reconnaissant vos priorités et vos besoins du moment, vous pourrez jongler avec les différents aspects de votre vie de façon réaliste et confortable, et profiter de tous.

La pensée du jour

RÉSERVES DE BONHEUR

Ajustez votre vie en fonction de vos besoins et priorités du moment, afin de renouveler constamment vos réserves de bonheur.

358 | Vous êtes remarquable !

Bonheur instantané

CHANTEZ
Chantez votre bonheur d'avoir le privilège d'être en vie et de pouvoir compter dans le monde.

Chaque pensée, chaque mot, chaque espoir, de la plus petite chose que vous faites à vos plus grands accomplissements, a un impact sur le monde bien plus grand que vous ne l'imaginez. N'est-ce pas formidable? Cela ne vous montre-t-il pas à quel point il est vital de faire de votre mieux, de vivre de votre mieux, et surtout de transmettre amour, bienveillance et bonheur?
Oui, vous êtes remarquable et vous comptez. Quoi qu'il arrive au genre humain dans les prochains milliards d'années, votre présence ici et maintenant peut changer les choses d'une manière ou d'une autre, quelque part dans cette dimension et peut-être dans d'autres.

> Tout ce que nous faisons a un effet de vague qui fait tout le tour du monde et, qui sait, va probablement au-delà du monde pour atteindre d'autres dimensions.

John Avenel Rench

Usez de tout soutien   359

Usez des soutiens qui vous sont offerts pour vous sortir du chagrin ou de la dépression. On trouve beaucoup de sagesse et de réconfort dans un livre ou auprès d'un professionnel ou d'un ami. La prière et la méditation sont très apaisantes, et les animaux de compagnie sont de grandes sources d'amour, de soutien et de joie. La nature peut également être très lénifiante. L'exercice et les aliments sains stimulent la production de sérotonine, hormone du bien-être, et les rapports intimes ou un simple contact affectueux libèrent de l'endorphine, une autre hormone naturelle qui procure un sentiment de bien-être doux et chaud. Reprenez donc courage, car vous pouvez trouver de l'aide tout autour de vous. Sentez l'amour et le pouvoir de guérison affluer autour de vous et en vous et vous faire renaître.

360 — Subvenez à vos besoins

La pensée du jour

RAISON D'ÊTRE
Vous êtes fait pour quelque chose dans la vie, et suivre votre raison d'être vous rendra heureux.

Suivez votre instinct de chasseur et de cueilleur, ou celui de parent au foyer. Nous sommes tous équipés pour subvenir à nos besoins, grâce à l'héritage culturel et génétique de nos ancêtres.

Cessez donc de penser qu'une oisiveté permanente ou des vacances perpétuelles seraient géniales ; au contraire, vous auriez le sentiment troublant et tenace que quelque chose manque au tableau. Soyez heureux d'avoir un but dans la vie, que ce soit un travail, un rôle de parent, de femme ou d'homme au foyer, que vous vous occupiez des autres ou des choses qui vous intéressent. Appréciez le sentiment enrichissant de continuité et d'appartenance que ce rôle vous procure.

Faites quelque chose de fou

361

Aussi agréable que soit la conformité la plupart du temps, il est bon de se surprendre et de surprendre les autres de temps à autre. Vous pouvez par exemple porter des vêtements extravagants ou contrer votre nature profonde et vous comporter de manière très introvertie si vous êtes extraverti, et vice-versa.

Le fait de changer votre propre perception de vous-même et la perception que les autres ont de vous, ne serait-ce que pour un bref instant ou très exceptionnellement, procurera à tous une bonne dose de bonheur. Être follement différent est très amusant!

Surprenez-vous et surprenez les autres en libérant le boute-en-train qui est en vous.

Peter Gregory

362 — Soyez encore plus aimant

Faites quelque chose qui montre votre amour encore plus que d'habitude aujourd'hui. Vous pouvez par exemple surprendre votre partenaire en effectuant une ou plusieurs tâches ménagères qui lui incombent en plus des vôtres. Vous pouvez lui manifester une tendresse particulière ou lui dire quelque chose qui lui fera énormément plaisir, ou vous pouvez faire un geste gentil envers un voisin, un collègue, un inconnu ou un ami, juste comme ça. N'oubliez pas que ce geste doit s'ajouter ce que vous faites habituellement ; repoussez les limites et faites cet effort supplémentaire qui vous fera un bien fou.

Fondez un club   363

Fondez un club de lecture ou de musique dans votre quartier. Il est réjouissant de se réunir régulièrement avec quelques amis récents ou de longue date. Si vous aimez déjà lire, un club de lecture est parfait pour vous inciter à lire des genres que vous n'avez pas l'habitude de lire, et vous aurez la joie de pouvoir comparer les pensées et les réactions de chacun.

Un club de musique est un pur bonheur si vous vous installez confortablement pour écouter les sélections de chacun, et il est agréable d'écouter des morceaux nouveaux en plus de vos vieux morceaux préférés que vous connaissez par cœur. Veillez à choisir et à parler des morceaux à tour de rôle, et savourez cette joyeuse atmosphère de centres d'intérêt partagés.

364 — Admirez la vue

La pensée du jour

Belle vue

S'arrêter pour admirer la vue fait partie des joies de l'ascension.

Chaque fois que vous prenez de la hauteur, faites des pauses fréquentes afin de pouvoir admirer la vue. Que vous soyez réellement en train de gravir une montagne ou de grimper à une échelle ou, plus symboliquement, en train de concrétiser un projet, il est bon de mettre votre énergie dans l'effort avec enthousiasme. Cependant, le fait de prendre des pauses régulières vous redonnera de l'énergie, et si vous vous retournez pour voir le paysage, que ce soit l'horizon ou les éléments du décor plus proche, vous en apprécierez la beauté et vous rendrez compte du chemin parcouru. Il est important de regarder en arrière et de contempler ce qu'on a accompli, car cela rend le voyage bien plus agréable.

Faites la paix

365

Faites la paix avec l'année qui vient de s'écouler et accueillez la nouvelle année qui se présente à vous. Décidez de l'enrichir d'amour et d'intérêt. Rappelez-vous que vous avez une immense capacité à tirer des leçons de changements et d'expériences nouvelles, et de vous y adapter en développant votre esprit. Les scientifiques ont découvert que nous n'utilisons qu'une fraction de notre capacité cérébrale ; imaginez donc comme il sera satisfaisant d'utiliser ne serait-ce qu'une toute petite partie supplémentaire de votre cerveau ! La vie est pleine de possibilités et de promesses.

Bonheur instantané

PROFITEZ

Profitez de la beauté, de l'émerveillement, de l'amour, du potentiel… N'attendez pas !

check-list 12 — Quels progrès?

Que vous ayez essayé plusieurs idées ou une seule ce mois-ci, il est bon de méditer sur ce que vous avez choisi d'essayer et pourquoi, et de voir si cela vous a réussi.

1. Combien d'activités avez-vous essayées ce mois-ci?
- 1–3 activities ☐
- 4–10 activities ☐
- 11–20 activities ☐
- 21–31 activities ☐

2. Combien de ces activités avez-vous renouvelées plusieurs fois au cours du mois?
- 1–3 activities ☐
- 4–10 activities ☐
- 11–20 activities ☐
- 21–31 activities ☐

3. Quelles activités ont eu un effet positif sur votre humeur ce mois-ci? Utilisez la page ci-contre pour consigner ce qui vous a réussi et ce qui ne vous a pas réussi.

Notes, remarques et pensées

Conclusion

Le bonheur est-il une question d'attitude, de chance ou de science ? Que vous lisiez ce livre d'un bout à l'autre ou par bribes, les conseils pour être heureux qu'il contient montrent que c'est un mélange des trois.

La vie est pour nous tous un voyage varié. Elle est parfois ensoleillée et radieuse, et d'autres fois sombre et sans joie. La plupart du temps, elle se situe entre les deux, mais on a toujours la capacité innée de choisir son attitude. Pensez de manière optimiste et vous pourrez être sûr de vous retrouver du bon côté des choses, tout en produisant par la même occasion des hormones du bien-être dans votre cerveau et votre corps, qui vous aideront à être plus calme, plus fort et au final plus heureux. Souvent, vous inviterez la chance à entrer dans votre existence. À mesure que vous pratiquerez cette habitude de pensée positive, vous vous sentirez de mieux en mieux dans votre vie ; prenez le temps de remarquer vos sentiments positifs et de les savourer consciemment. En les accueillant ainsi, vous les encouragerez à rester plus longtemps et à vous rendre visite plus souvent.

On tombe facilement dans le piège consistant à oublier l'optimisme ; gardez donc ce livre à portée de main pour pouvoir vous y plonger de temps à autre et y trouver des moyens de vous remettre sur les rails du bonheur. Rappelez-vous les paroles de Julienne de Norwich : « Tout ira bien et tout finira bien. »

Notes, remarques et pensées

Notes, remarques et pensées